ND
上海第二工业大学老教授风采

（第二辑）

"上海第二工业大学老教授风采丛书"编委会　主编

上海大学出版社
·上海·

图书在版编目（CIP）数据

上海第二工业大学老教授风采. 第二辑／"上海第二工业大学老教授风采丛书"编委会主编. —上海：上海大学出版社，2021.3

ISBN 978-7-5671-3930-5

Ⅰ.①上… Ⅱ.①上… Ⅲ.①教授-生平事迹-上海-现代 Ⅳ.①K825.46

中国版本图书馆 CIP 数据核字（2021）第 043017 号

责任编辑　王　聪
封面设计　倪天辰
技术编辑　金　鑫　钱宇坤

上海第二工业大学老教授风采（第二辑）

"上海第二工业大学老教授风采丛书"编委会　主编
上海大学出版社出版发行
（上海市上大路99号　邮政编码200444）
（http://www.shupress.cn　发行热线021-66135112）
出版人　戴骏豪

*

南京展望文化发展有限公司排版
上海普顺印刷包装有限公司印刷　各地新华书店经销
开本710mm×1000mm　1/16　印张10.75　字数154千
2021年3月第1版　2021年3月第1次印刷
ISBN 978-7-5671-3930-5/K·221　定价　68.00元

版权所有　侵权必究
如发现本书有印装质量问题请与印刷厂质量科联系
联系电话：021-33871759

"上海第二工业大学老教授风采丛书"
编 委 会

编委会主任：徐佩莉
编委会副主任：瞿志豪　黄为民
编委会成员：王济生　朱云仙　许燕平
　　　　　　严治俊　张丽娟　林　敏
　　　　　　郁龙贵　周　颐　倪天祥
　　　　　　曹镇荣

序

为了展示老教授的教育成果、园丁风采，促进我校师德师风和校园育人文化建设，我校老教授协会理事会决定出版"上海第二工业大学老教授风采丛书"。2018年，出版了第一辑。2021年，在迎接中国共产党100周年诞辰之际，第二辑又和大家见面了。党的十九大报告中提出"落实立德树人根本任务，发展素质教育""加强师德师风建设，培养高素质教师队伍"的重要任务。教授是大学的支柱，是学校声誉的载体，更是莘莘学子的引路人。要培养德智体美劳全面发展的社会主义建设者和接班人，就必须建设好一支学高身正、教书育人的师资队伍。

上海第二工业大学61年的发展历史是一部自强不息、艰苦奋斗、不懈进取的历史。学校为培养时代所需要的知识型高技能创新人才，构建多层次高等技术和职业教育"立交桥"，以及当下以本科教育为主体，大力发展研究生教育，建设创新型、高水平应用技术大学中，做出了重要的贡献。老教授们扛起了学校艰苦创业、半工半读的红旗，做起了自强拼搏，争当成人教育的排头兵，成为了努力奋进，勇做发展高等职业教育的担当者，担起了求索进取，建设高水平应用技术大学的使命者。他们在学校发展的历次跨越中展示了风采，学校因为他们的辛苦付出而被誉为劳动模范的摇篮、发明家的园地和高级技术人才深造的平台。他们为建设劳模文化与教育基地，建成包起帆创新之路展示馆，成立上海劳模学院、劳模工作室等学校的特色教育项目，做出了不朽功绩。他们胸怀报国为民的理想追求，遵循我国高等教育的使命、目标和任务，尽为师之责、明为师之道、建为师之功，为紧跟国家发展战略和人才需求，探索以高等职业教育为导向，"产教融合""校企合作"培养应用型技术人才的特色之路，历经艰难，呕心沥血。他们秉承为人师表、教书育人的师德师风，用自己的真才实学和人格魅力在授业解惑中"引人以大道、启人以大智",将一批批青年学生培养成为国家栋梁之材。老教授们或以擅长解决生产一线的"疑难杂症"能力见著；或以学术研究见长，以科研开发建功；或以辛勤服务管理为任，敬业精心育人；或以勇于开拓学生创新精神为荣，创作发明取得丰硕成果；或崇尚老有所为，倾心发挥晚年余热……他们是学校各个发展阶段的开拓者、耕耘者、奉献者和创造者，他们是上海，乃至中国高等职业教育发展的历史见证人。如今，尽管老教授们陆续退休，但他们留下的大学精神、校园文化和丰富经验弥足珍贵，建立的宝贵业绩造福世人。

本辑编委会邀请记者，以纪实题材、通讯形式报导老教授们在教学、科研、管理诸方面做出的贡献和成果，记载他们的理想信念、道德情操和专业功底，展示他们对培养应用型人才的高度责任感和执着追求。他们以真才实学和人格魅力在履行立德树人、思想引领、知识传播和技能传授使命中留下的一行行足迹、一串串硕果。让广大读者，尤其是年轻师生，在细细品读中感悟教育的价值、创新的真谛、成才的动力和育人的幸福。

在期盼中，记载着11位老教授教学、科研、管理的不凡故事和心路历程的《上海第二工业大学老教授风采（第二辑）》与大家见面了。这些老教授们经历了学校初创和发展阶段，直接参与了具有基础性而又极富挑战性和探索性的高等职业教育实践，亲身感受了来自生产一线的先进技术骨干、劳模学生的刻苦学习、乐于创新、勤于发明的新型学风。岁月折射出前辈们的创新特质、执着品格和敬业教风。难忘历程，再现可敬可亲的老教授风采：教室里，师生们理论结合实践，热烈探讨提高产品质量方案；车间里，师生们埋头钻研技术革新，齐心攻克生产难关；学生家里、病床旁，经常看到老师登门辅导的身影……众多荣誉记载着老教授们厚生、厚德、厚技的情结。相信《上海第二工业大学老教授风采（第二辑）》会为全校师生所珍视，成为我校宝贵的精神财富。愿它激励您，鼓舞您，伴您成才、成功。

当前，全校正在认真学习贯彻党的十九届五中全会精神，以习近平新时代中国特色社会主义思想为指导，按照"稳中求进、内涵发展"的要求，深化综合改革，推进依法治校。我们衷心祝愿学校在践行十九大提出的"建设知识型、技能型、创新型劳动者大军,弘扬劳模精神和工匠精神,营造劳动光荣的社会风尚和精益求精的敬业风气"中再创辉煌。衷心期待校老教授协会在市老教授协会和校党政班子的领导和关怀下,不忘初心,牢记使命,践行老有所学,拓展老有所为,提升老有所乐,开创新时代共创、共建、共享美好生活的协会工作新局面。衷心祝福老教授们安康快乐!

徐佩莉
中国人力资源开发研究会专家委员会副主任委员
上海第二工业大学老教授协会会长

目 录

瞿志豪：一生践行梦想的人 / 2
.... 马信芳
开蒙立志学习，争做完美第一 >>>>> 2
"三尺讲台"，不做"单向阀"式的教师 >>>>> 4
能教学又会科研的"两栖"人才 >>>>> 7
领导岗位上开创新局面 >>>>> 9
"跨界艺术家"的"新十年之约" >>>>> 12

朱懿心：薪火相传　走向辉煌 / 16
.... 王智琦、江跃中
白天上班，晚上听讲座 >>>>> 16
如愿以偿被大学录取 >>>>> 18
做有创新意识的教师 >>>>> 19
密切配合，拧成一股绳 >>>>> 21
真刀真枪地训练学生 >>>>> 23
成功"变身"全日制大学 >>>>> 26
好做法坚持到了现在 >>>>> 30

徐佩莉：真爱奉献　尽情绽放 / 34
.... 郑楚荣
不怕挫折、忍辱负重的性格 >>>>> 34

好儿女志在四方 >>>>> 35
教书育人的荣光与自豪 >>>>> 36
为群众办实事，是我最大的快乐 >>>>> 40
以身作则，奏响爱的赞歌 >>>>> 42
爱一行，干好一行，是我对责任的解读 >>>>> 46

胡正中：寻梦天空与大地间 / 52
································· 祁　谷

电梯巧遇 >>>>> 52
寻梦启航 >>>>> 53
实践梦想 >>>>> 57

李芳积：让稀土造福国民的教授 / 63
································· 张林凤

自强少年与稀土结缘 >>>>> 63
"六·五"稀土攻关成果超过世界先进水平 >>>>> 65
开创校企"产、学、研"深度融合 >>>>> 68
稀土专家"科技扶贫"的情怀 >>>>> 70

罗长海：心系教学，名师风范存讲堂 / 75
································· 詹　静

勤奋好学，开启漫漫求知路 >>>>> 75
守护讲台，名师风范存课堂 >>>>> 78
五维空间，全力建设教学空间 >>>>> 81
教学科研，双轮驱动稳步前进 >>>>> 82
年已半百再出发，探索创建新学科 >>>>> 84
退休十余载，白头虽老赤心在 >>>>> 88
心系教学，真善美健勤追求 >>>>> 89

黄中鼎：咬定青山不放松 / 93
— 朱慰慈

攻占新学科 >>>>> 93

迈向学科建设高地 >>>>> 95

人生的重要抉择 >>>>> 98

进京求学 >>>>> 100

感恩的心 >>>>> 102

刘传先：孜孜不倦追求，无悔教育人生 / 108
— 李汉琳

机缘巧合进入教师队伍 >>>>> 108

引进人才落户上海 >>>>> 111

赋予物理教学新内容 >>>>> 113

传承"师道"之业 >>>>> 117

翟祖华：人生艺术，艺术人生 / 120
— 丁言昭

幸而不幸的童年 >>>>> 120

踏上美术教育讲台 >>>>> 121

传统文化之动 >>>>> 126

致力于藏书票设计 >>>>> 127

情有独钟的"陶鸡情结" >>>>> 128

一息尚存，创业不止 >>>>> 130

苏家健：以匠心塑造教授之魂 / 133
— 李汉琳

恪守匠心，助推自我发展 >>>>> 133

匠心打造"双师型"教师 >>>>> 135

以匠心精神开发教育实训基地 >>>>> 139

以匠心与妻子建立合作伙伴关系 >>>>> 142

杨冠群：保持"好奇心"，保持创造力 / 146
································· 唐蓓茗

投身创新教育 >>>>> 146

多个维度选苗 >>>>> 147

方法重于答案 >>>>> 148

甘于自投罗网 >>>>> 150

竞赛场上夺标 >>>>> 151

科创带来精彩 >>>>> 153

永远保持"饥渴" >>>>> 155

"精神财"更可贵 >>>>> 157

教授感言：

　　做实在人，干实在事。人生三段：求学、工作、退休。我要把每段人生经营到最好。

瞿志豪，1955年6月生，上海人，上海第二工业大学教授，上海市首届优秀青年教师。1983年毕业于北京科技大学冶金机械专业。1985年获得上海大学应用数学与力学硕士学位。从事高等教育工作30多年，先后担任上海冶金高等专科学校、上海应用技术大学、上海第二工业大学副校长。曾任国家教育部机械学科本科教育教学指导委员会委员，上海市机械工程学会、上海市金属学会副理事长。现为中国书法家协会会员，上海市高校书法教育协会会长。多次荣获上海市科委颁发的科技进步二、三等奖和上海市教育成果一、三等奖。

一生践行梦想的人

时为教授，又做过21年学校副校长的瞿志豪如今已步入花甲之年。50年前，父亲的一句话至今让他难以忘怀，那是父亲不经意的一句表扬，却成了开启他不断求上的三段人生的重要引子。

开蒙立志学习，争做完美第一

孩提时代的瞿志豪有一天与哥哥被刊登在《少年报》上的一幅题为《啃泥地》的漫画所吸引，漫画上画的是一架战斗机被击落的场景，战斗机的机头被夸张地画成了一张人脸，露出一副"嘴啃泥"的丑态。幽默讽刺的漫画，顿时使小哥俩兴致盎然。有一些绘画基础的哥哥先拿起笔描摹了一张，瞿志豪也不甘落后，紧接着也依样画瓢地画了一张。傍晚，父亲下班回家，小哥俩追着问父亲："哪张画得好？"没想到，父亲指着瞿志豪的这张称好。听到父亲的表扬，瞿志豪感觉像吃了蜜一样的甜。哥哥先于他学画，经常被表扬，他作为"后来者"竟然"居上"了。后来瞿志豪在与朋友的交谈中多次提到这个小故事，他说："每个人都会有一个使自己人生转折的触点，父亲的表扬是不经意的，却是对我天性的一种激发。"

瞿志豪说，他初入小学时有些小调皮，学习成绩不是很好，经常是老师批评的对象，自父亲的那句话后，他喜欢上了绘画，兴趣是最好的老师，他绘画课的成绩渐渐好了。后来，班上的"学习园地"凡有图画作业的展示区总有他的作品，他在同学眼里的形象逐渐有了改变。这对一个在其他课程上不太受到表扬的学生是一种多大的鼓励啊。终于有一天，他的小脑袋里慢慢转出一个念头：如果我的其他功课都像图画课一样经常被老师选送到"学习园地"上该有多好啊！

人在年少时，父母、老师或者社会的一句恰当的赞扬，真的会对一个少年的人生发展起到"四两拨千斤"的作用。图画课的进步触发了瞿志豪内心的转变，他开始暗暗下定决心："我的其他功课也都要好！"大概从这个时候开始，瞿志豪培养了自己学习的上进心，养成了在学习上不服输的性格，"要么不做，要做就争做第一"。于是，从初中到技校，从本科生到研究生，瞿志豪总是以班上学习最好的同学为榜样。他也确实做到了，他后来不无骄傲地说，在人生求学阶段，他的学习成绩总在班上名列前茅。

1972年，瞿志豪作为职校生在上海冶金机械学校就读，读的是机器制造专业。除了在课堂学习理论之外，他还要在工厂一线实习劳动。他在第一次接触到机械加工的设备时就产生了巨大的好奇心，指导他的师傅恰好是厂里理论和实践相结合的加工能手，在学生中拥有很高的威望。瞿志豪格外崇拜师傅，努力地向他讨教技术，师傅也特别喜欢这样的徒弟，教他

1983年，瞿志豪作冶金装备技术报告

时特别有耐心，也常常把额外的一些技术传授于他，这使他很快成为同学中的机床操作能手。以至于后来瞿志豪很快便能独当一面，在多种机床上完成难度较高的零件加工工作。毕业的时候，他成为班里少有的几个能够全面掌握车、刨、铣、镗多种机床的学生。

同样的故事也发生在他的大学时代。1983年，瞿志豪在北京钢铁学院冶金机械专业学习，他的学习能力总让同学刮目相看。一次课程设计，布置的大作业是完成一个二级减速机的设计，图纸作业量是一周。可在图纸阶段，他竟然只用了两天的时间就完成了作业。他的任课老师无论如何也不相信，经过仔细查对图纸，竟找不出一处错误。原来，他有很好的绘图空间想象力和熟练的机械制图的线形控制能力，别人需要先出结构初稿再加深的画图步骤，他只需一笔就好，而且基本不用橡皮擦改，所以图面也显得特别整洁。

大学期间，有一门选修课程叫"光测弹性力学"，这是一门用光学干涉原理分析机械零件内部应力分布的技术。当时，这是一门新科学技术，他对此产生了极大的兴趣，一头钻进实验室进行研究学习。激光技术发明于20世纪五六十年代，我国在20世纪70年代广泛应用于工程。瞿志豪在实验室里不仅掌握了这种先进技术，而且将它大胆地应用到他的毕业设计和论文写作中。他的指导老师是学校有名的机械学教授，读完瞿志豪递交的毕业论文，看到自己的学生能够应用最新技术解决冶金装备的设计问题，他非常高兴，于是提出要瞿志豪的毕业论文作为全系机械专业毕业论文公开答辩的示范。瞿志豪的公开答辩不负众望，清晰的理论陈述，准确的实验数据，赢得答辩专家组的高度肯定。

"三尺讲台"，不做"单向阀"式的教师

大学毕业，瞿志豪开始了真正的教学生涯。他先后在上海冶金高等专科学校、上海应用技术大学担任教员，从讲师到副教授、教授，教过本科生也带过研究生。1994年，他又经组织考察选拔晋升到领导岗位，先后在

1995年，瞿志豪在昆明兄弟院校作评估指导发言

三所高校担任副校长，直到退休，但是在内心里，他一直把自己定义为一名教师。

历年来，瞿志豪主讲过的课程有"弹性力学与有限元""机械振动与故障诊断""理论力学""材料力学""机械原理""机械制造""机械工程""光测弹性力学"等，几乎涉及了所有机械学科的主干课程，直接面授过的学生逾千人。

作为教师，瞿志豪的教学态度一贯是认真谨慎的。他说："教师号称灵魂工程师，因此站在三尺讲台上，要对得起学生，对得起学生家长，对得起学校。"他的课程无论新旧都要重新备课，从不掉以轻心。他注重教学方法，授课过程中紧扣知识点，以清晰的条理，精练的语言，深入浅出的案例，把一个个关键概念陈述给学生。所以学生们说："瞿老师循循善诱，容易使他们理解和掌握知识，他是我们最喜爱的老师之一。"

学生把一些只按本宣读而不会解答问题的老师讥讽为"单向阀"。"单向阀"是一个专业术语，即只能单向流通的机械构件。瞿志豪也对这样的教师存有保留性意见，他说："照本宣科，不能被问的教师，要么是自己根本没有掌握好这门课程的知识，要么就是没有认真备课，其结果都是误人子弟，最终有损三尺讲台的尊严。"

有一年，瞿志豪承接了一门新课"机械震动与故障诊断"。因为从没有讲过，心中无底，他便利用整个暑假按照教学要求撰写讲义，整理出每次授课的重点要点，再把教材上的近百道习题认认真真地解析一遍，匡别自己对理论概念的认识。以此做到心中有底，新学期走上讲台时他就非常自信。

瞿志豪作为教育工作者，也十分注重心理学的学习与应用。他时常想起当年自己就是因为父亲那句不经意的表扬，才产生了人生思想和道路的转折。因此，他知道，及时发现和肯定学生的长处并加以恰当的鼓励是十分重要的。我们经常可以听到瞿志豪说的一个理论：一个婴儿来到世上，一般先天会带来十个左右的兴趣，而我们许多家长往往忽视了。例如，经常见到小孩子天真地在自家新刷的墙上涂鸦，家长会不分青红皂白给予一顿训斥，事实上这个简单的训斥很可能就扼杀了一个未来的画家。瞿志豪退休后经常被人邀请去做一些专业讲座，在讲到中国人很聪明，但为什么很长一段时间里原创技术发明却总是出自西方人之手时，他风趣地解答道："这个责任一半在你们听讲座的人身上，一半在我这个讲课人身上。你们都已经是为人父或为人母的，你们有没有习惯地对孩子说'做完作业在家里乖点，不要出去闯祸'？要知道，这就是潜移默化地把孩子培养成'小绵羊'式的人，人的第一次创造性的'钙'流失了。到了学校，我们今天的教学计划和教学方式基本也是'抱着走'，灌输式的教学让孩子先天具有的创造性'钙'再次流失。所以，第二次流失是我这个在台上搞教育的人的责任。"

幽默的言语道出了约束孩子创造性思维发展的原因。瞿志豪擅长发现学生的优点。一次，他在上课时发现有个学生在玩电脑，只见这个学生手指如飞，速度极快。课后，他询问了情况，该生确实没有听课，只因他太喜欢编程做小游戏了。当他发现这个学生的爱好和兴趣后，非但没有指责学生，反而细细开导给予鼓励，以后又让他到自己的实验室一起参与工程课题的工作。果不其然，这个学生后来成了计算机高手，在工作中发挥了相当重要的作用。30多年过去了，这个学生常常感激地说："当年如没有瞿老师的鼓励，我今天可能一事无成。"

能教学又会科研的"两栖"人才

上海第二工业大学（以下简称"二工大"）成立于1960年，是一所以工科见长，管经文理艺多学科协调发展的高等学校。61年来，学校从成人教育起步，到举办全日制高职教育，再到升格为普通本科高校，直至被国务院学位委员会列为"服务国家特殊需求人才培养项目"专业学位研究生培养试点单位，走出了一条技术应用型高校的特色发展之路，被誉为中国职业教育标杆和劳动模范培养摇篮。培养掌握职业技能、崇尚职业信用、彰显职业特色的高技术、高技能应用型人才正是这所学校的教学方向。

瞿志豪很清楚，一个有水平的高校教师，除了正常的教学外，必须注重科研，只有会科研才会反哺教学，学校的教学与他本人的教学才能够上层次，学生的视野才会宽阔。因此，在他的教学生涯里有很大一块是参与科学实践和社会服务工作。瞿志豪是一个做一行爱一行，干一行精一行的人。他善于挑战自我，习惯主动想问题、提问题和自我解决问题。在近40年里，他利用专业特长，积极申报和承接科研课题，前后以带头人身份接受各类产学研生产课题达20多项，多次荣获上海市科技奖和教学成果奖。他是上海市首批优秀青年教师荣誉称号获得者。

今天回忆起来，有一个项目让瞿志豪至今记忆犹新，并感到自豪。20世纪末，宝钢集团冷轧厂的一架2040轧机在轧制一个新品钢种时，当轧速升至工艺许可的一个高速范围，轧机却产生了意想不到的剧烈振动声。这台设备为进口的国际上最先进的六连轧机组，用2—3毫米厚的热轧带钢作原料，经六台纵向排列轧机轧制后，成为0.2毫米厚的薄带钢板，它是制

北京中国金属学会代表大会期间徐匡迪院士为瞿志豪题词留念

作汽车、冰箱等的重要原材料。这条流水线每小时的产量近百吨,但是轧机一旦振动,不仅造成产品报废,甚至导致设备受损。

　　冷连轧机的高速轧制下的振动是一个常见问题,也是一个国际性的"难啃"的技术。宝钢有关部门找到瞿志豪课题组,希望予以解决。瞿志豪带领课题组成员阅读大量文献,在暑假期间进驻生产线,测取了上万个现场数据,又在电脑上进行了无数次的力学模拟,用了半年多时间终于解决了这个钢种在高速轧制下的振动问题。这一成果受到宝钢集团领导的重视与赞扬,也被推选为2000年上海市优秀发明选拔赛一等奖。瞿志豪课题组由此在宝钢赢得了学术声誉,经常活跃在宝钢生产一线,解决各种疑难问题。

　　瞿志豪认为,在高校特别是培养应用型人才的高校,不会组织科研的教师,他的学问是有问题的。一个专业教师如称自己书教得很好,但是生产现场的知识却一无所知，企业的门在哪儿都不知道，那怎么可能会是一个合格的教师呢？瞿志豪说，由于一段时间以来学校中的一些教师因为经济利益的诱惑驱使而重项目轻教学，造成课堂教育水准下降的状况，但这不能说明高校重视科学研究有错。正如网络上会产生负面的东西，但网络本身没有错。高校人才培养的根本目标是塑造具有创新思维和能力的人，所以高校的一切专业教学计划和课程设计的最高境界是传授学生"渔"的方法，而不是看四年里老师为他的学生捕了多少"鱼"。

目前有人将高校教师分为两类：一类是教书型教师，一类是科研型教师。瞿志豪对此很有些自己的看法。他说，一个连自己都不懂和不会"渔"的教师，怎么可能从黑板上教出会"渔"的学生呢？一个只会讲故事而教不出会"渔"的学生的教师，又怎么会是真正意义上合格的高校教师呢？所以，他认为，这只是一些不称职的高校教师利用现在一些发生在高校中的乱象来为自己的不称职打掩护。

领导岗位上开创新局面

1994年，瞿志豪走上大学校领导岗位。20余年来，他先后分管过教学、科研、学科、基建、后勤、产业等工作。经过长期的岗位磨炼，他对自己的岗位定位非常清楚，坚持党委领导下的校长负责制，做好正职的助手。所谓做好，就是根据分管工作，努力将正职的行政意图细化为自己分管领域的行政要求，不越位不脱位，主动营造工作切入点，提出问题并带领干部去解决问题，创新思想，开创局面。他认为，工作中的困难是机会，可以培养智慧；鼓足攻坚的勇气，可以树立威信。

虽然瞿志豪在副校长的岗位上分管过的工作内容很多，但是他更长时间还是在科研与学科建设两个方面从事管理工作。因此，谈起学科建设，他的话匣子一下子就打开了。

瞿志豪说，高校教师的着力点应放在教学与科研工作上，而他作为学校的领导者，则要重点把握办学的纲要。在其分管领域，他认为纲要就是

"学科建设"。他始终认为是本科院校就一定要提倡学科建设,因为只有在倡导学科建设教育教学氛围下,才能培养教师会"渔"的能力。他对应用型本科学校不需要学科建设的提法,或者对学科建设就是专业建设的认识非常不屑,他说问题的核心是学科建设的要求必须变化。二工大是2003年根据国家人才结构培养需要,新建的应用型本科高校。因为本科办学时间不长,他初到二工大时,许多教师对什么是学科建设及它的建设意义和方法,还很陌生,有一两个学科虽然有比较好的学科建设氛围,但学科建设的模态是照搬研究型大学的模态(重学术性的得奖成果)。为了有力地推动符合二工大培养应用型人才的办学定位和发展方向的学科建设,瞿志豪提出了"四维学科建设"的要求,即把通常概念上的人才培养、科学研究、基地建设三个要素再加上一个产学研合作。同时,在三要素的建设内涵上明确提出一切以"应用技术"的发生、发展为考核准则,不强调学术性成果和学术性奖项。

应用型高校的学科建设的内涵确定后,瞿志豪提出了"拎包工程"。因为学科建设,无论人才还是基地建设,重要的推进手段还是科研,科研的

2014年,瞿志豪代表二工大接待中东地区教育访问团

实力决定了这所学校的学科实力。当初，二工大的年科研经费总数仅为300万元左右，这对一所有26个学科专业，12 000人规模的学校，是一个不堪的数字。瞿志豪想了一个方法，他把26个学科专业负责人找来，布置了一个任务，要求他们把所分管范围内做过项目的教师和他们所做的项目按学科分类梳理出来，建成一个专业人才表格并做成项目介绍PPT，这算一个子包。有了这样的准备，他开始大范围地联系行业协会、大型企业、长三角地区的科技局等，然后再把相对应的专业负责人带出去，让他们带上项目主动向企业家介绍自己的能力，什么领域就带什么样的子包，这就是形象的"拎包工程"。这个方法几年坚持下来取得了很好的效果，技术应用性的科研项目数成倍增长，按2015年市教委统计的核算标准，学校的科研总经费达5 000万元，一些解决工程实际问题的成果屡屡在中国国际工博会高校展区获得殊荣。

2010年，在上海市教委的全力支持下，二工大的环境工程学科（电子废弃物资源化利用方向）申报成功"国家急需人才专业学位培养计划"的工程硕士培养试点单位，学校终于有了几代人为之努力和盼望已久的培养硕士生的权利。

不过根据国家学位办和教育部要求，这类学校的人才培养计划必须有自己的特色，必须有别于学术型学位的培养模式。那么如何发展好这个优势学科，真正把人才培养计划纳入应用型培养模式，瞿志豪与学科的带头人和硕士生导师经过深入调研，走访取经，最后提出一种由二工大首创的"工程导入"新模式。所谓"工程导入"，其核心就是研究生在二工大的整个学习、研究阶段必须落实以一线高技术工程项目的确立与解决为主的教学规划。

在确立教学模态后，研究生入学首先是在导师的推荐下分散到相关企业实习，这个实习是带着任务去的，他们应当在现场工程师的指导下发现工程问题并初步确立自己的研究课题，这样半年后回学校时多了一个预开题环节；这个步骤过了，研究生可以根据课题内容的实际要求完成理论课的选修计划；最后一年正式申请开题，此时学生要对原选题目作出技术水平评估，并阐述可行性工作计划，以此达到国家对专业学位人才的培养目标。

"跨界艺术家"的"新十年之约"

在严谨理性的科学家队伍中，爱好文学和艺术的人，即所谓的"跨界者"并不在少数。但要在另一领域中成为佼佼者，却也实属不易。例如，身为天文学家的伽利略，同时也是诗人与文学批评家；硝化甘油炸药的发明者诺贝尔是众所周知的化学家，更是一名诗人和剧作家；而被现代学者称为"文艺复兴时期最完美代表"的达·芬奇，不仅以《蒙娜丽莎》等伟大画作领军画坛，同样又以发明家和建筑工程师享誉世界。

可见领域的迥然不同不仅不会阻碍人的"跨界"，反而更能证明"跨界者"们能够做到科学与艺术更高的融合，能够创造更好的成就。关键是在跨界的领域"跨界者"能否归纳学科的共性和发现差异性，从而形成新的思维杠杆去撬动对科学或艺术的想象与表达，更多维度地产生创造力。

瞿志豪正是这样一位成功的"跨界"人物。作为教师，他可称桃李满天下；作为学者，科研成果不菲，他是力学专家，是教育管理者，有经验、有魄力，大家评价他就是一个敢想敢做的实干家。可是去网上一搜，他的称谓却是"艺术家"——中国书法家协会会员，上海市书法家协会会员，上海市大学书法教育协会会长。

瞿志豪爱上画画后，十分幸运地在15岁时，成为海派书画大家来楚生的关门弟子。来大师对其亲授书法和绘画。在以后的几十年实践中，瞿志豪在艺术上取得了长足的进步。如今，他已出版了《志豪肖行造像印》《瞿志豪作品集》《海派寻脉》等艺术专著，撰写了艺术评论文章20多篇，累计逾10万多字。他的作品多次参加上海市及全国性专业展览。《映日》《春风夏雨硕果满枝》等作品被专业机构及私人收藏。瞿志豪追随书画大家来楚生先生多年，目睹来先生作画、书写、刻印，深得其真传。他继承先生衣钵却不忘锐意创新，《志豪肖行造像印》极富创意，出版后引起业界同行的热烈反响，真所谓名师出高徒。

"跨界艺术家"瞿志豪作画

瞿志豪没有辜负来楚生先生的厚望，积几十年功夫，换来了累累成果。他的绘画，擅大写意，构图严谨，重墨浓彩，追求诗景意趣；他的书法，隶出汉碑，挥洒有力，遒劲圆润，朴茂俊逸；他的篆书，蓄冬心、金罍两意，结体有青铜器饕餮纹饰感，自喻"饕餮体"；他的篆刻，秦汉印功，游于负翁、缶翁间，肖形人物造像，印承师钵，金石味浓。评论家说，瞿志豪的豪爽性格决定了他笔法的流畅，而他的凛然气节更凝结于刻凿的金石之间，煌煌气象在书、画、刻中一以贯之。

2015年7月，瞿志豪到了法定退休年龄。他从岗位上退了下来，学校曾希望再返聘他一段时间，但是被他婉言谢绝了。轻舟已过万重山，因为每个人总要开始第三段人生，不必太留意已经走过的路段。他说，过去的几十年他做了应该做的事，现在应该更换领域了，他要将来先生教授于他的艺术重新实践，重新提高。他感慨自己离先生的要求还差得很远，他自己目前的水平还只是恩师光环下的亦步亦趋，来先生在已经取得巨大艺术成就的暮年仍积极寻求突破与变革，自己则更需努力走出一条路来，用余下的生命去追赶年轻时被其他事搁置的艺术梦想。话尽管这样说，在笔者与他的交谈中，从他谈对教育的看法与想法里，我隐约感到他对这次华丽的转身还是有些难舍的割爱，毕竟他干了几十年的教育，真的太眷爱他的教育事业了。我猜想，如果他没有给自己定下"新十年之约"，即希望再用十年时间完成他对艺术家称谓的真正的修炼，他的转身可能不会这样迅速和干脆。

轻舟已过万重山，窗外是桃红柳绿，莺啼燕语，这位"跨界艺术家"的第二春已经到来。

马信芳

教授感言：

  我非常愿意把自己的青春和智慧奉献给学校，因为这是改变我命运的母校，是我开启全新人生的地方，这份感情非比寻常。

  朱懿心，1947年6月生，浙江长兴人，1995年加入中国共产党，教授。1966年上海中学高中毕业，1968年赴上海奉贤五四农场参加工作，1972年底上调到上海市业余工业大学（上海第二工业大学前身）工作，1982年上海市业余工业大学工程数学专业本科毕业，1992年8月调入上海第二工业大学校长办公室；1998年被任命为上海第二工业大学副校长，2008年退休。

  1994年获上海市科技进步二等奖；1995年获上海市育才奖；2002年获上海市职业教育先进个人；2004年获上海市优秀教学成果一等奖一项、二等奖两项；2005年获国家级优秀教学成果二等奖；2014年获上海市民办教育协会重点科研项目一等奖。

薪火相传　走向辉煌

采访朱懿心副校长，是在2017年末的一个上午，阳光格外的明媚灿烂。坐在上海第二工业大学（以下简称"二工大"）原校址的老干部活动会议室里，年已七旬的朱懿心敦厚而结实，不时眯起的双眼，闪烁着和善而睿智的光芒。遥想着远在浦东金桥教育园区内的二工大新校区，凝视着眼前这幢具有悠久历史的老建筑，一件件往事涌上了朱懿心的心头，他的人生，从青年到中年直至退休，都与二工大休戚与共、血脉相连。可以毫不夸张地说，二工大一路曲折发展，一直到今日取得辉煌成就，是历届校领导和师生们的共同努力，同时也有着朱懿心的智慧与热血。

坐在笔者面前，朱懿心侃侃而谈，丝毫没有倦意。他对学校的历史沿革烂熟于心，能够如数家珍地一一道来，简直就是一本"活辞典"。确实，朱懿心本人的从学、从业经历，从某个角度看也是二工大艰难发展、曲折前行的硕果与象征。他是二工大的学生，也是教师、副校长，学校的每一处地方，都曾经留下过他的足迹，时光流逝，记忆存储在心，难以忘怀。

白天上班，晚上听讲座

朱懿心出生在中华人民共和国成立的前夜，黎明的曙光将要喷薄而出，但暗夜尚未真正褪去，因而，这似乎预示着朱懿心的人生道路不会一帆风顺、平坦如砥。朱懿心初中时就读原上海市卢湾区红星中学（现清华中学），高中则在现今仍为"四大名校"之一的上海中学读书。正是青春年少、壮怀激烈的年龄，朱懿心和同学们在知识的海洋里如鱼得水，奋力遨游，他们都期盼着能够跨进神圣的大学殿堂进行深造，为祖国建设贡献自己的力量。然而由于众所周知的原因，"文化大革命"狂飙而起，朱懿心心中理想的"羽翼"尚未丰满，就已折翅坠落。他是1966届上海中学的高中毕业生，当时喧腾的学校已经容不下一张安静的课桌。

1968年，朱懿心随着知识青年们一起走向广阔的农村大地，来到位于东海之滨的奉贤五四农场，接受贫下中农的再教育。只要是块金子，无论走到哪里，甚至埋进泥土里，只要时机成熟，就会折射出耀眼的光芒。朱懿心在农场里勤奋努力，任劳任怨，他担任连队的生产排长，抢挑重活、累活、脏活，在凛冽的寒风和酷热的骄阳下，强筋炼骨、磨砺心志。即使身体再累，心灵追求知识的渴望，仍像泥土下的春草，只要荡漾起一阵阵春风，就会吹又生。在农场近四年的日子里，除了读《毛泽东选集》，朱懿心还偷偷借阅了孟德斯鸠的《论法的精神》、罗伯逊的《基督教的起源》、车尔尼雪夫斯基的《生活与美学》等外国名著。

混乱无序的社会状态总会有个尽头，岁月翻过了沉重的60年代，走到了70年代的初期。泱泱大国，经济的命脉必须延续发展，工农业生产不能停顿，靠的是人才。终于，知识学习又慢慢回到人们正常的生活轨道中。在工人、农民中培养人才，成为当时中国社会的共识。

1960年4月29日成立的上海市业余工业大学，1965年更名为上海市半工半读工业大学。1972年下半年，学校因复课急需招收一批实验室、行政和后勤工作人员。当时的招办人员在"五四农场"发现12连中有60名上海中学毕业的学生正在田里务农。招办人员慧眼识珠，明确要招收这批学生，这次调入学校的工作人员共15人，朱懿心和上海中学的其余5名男同学被幸运地选上。机遇总是垂青有准备的人，他被安排到原上海南市分校的无线电实验室，担任实验室工作人员。1972年底，从这个时候开始，朱懿心的人生轨迹便与学校的发展紧密相连起来，荣辱与共。

从农村田头到满是仪器设备的学校无线电实验室，朱懿心非常珍惜这来之不易的人生机会，他刻苦努力，勤奋自学，白天认真上班，晚上到上海市工人文化宫、原卢湾区夜校等处听取电子技术讲座课程，老师们深入浅出的讲解分析，令朱懿心脑洞大开，激发起他浓烈的好奇探究之心。

如愿以偿被大学录取

噩梦醒来是清晨，伴随着"文化大革命"的结束，1977年恢复全国高校招生考试，朱懿心也兴奋地参加了十年浩劫后的首届全国高等学校统一考试，取得了四门课程平均89分、总分356分的优异成绩。在他人相继拿到高校录取通知书时，朱懿心的录取通知书却迟迟没有等到，他有些发蒙，更觉得迷惘。

由于极"左"思潮的影响，朱懿心高考之路受阻，与心仪的大学失之交臂，他的心情变得有些消沉低落。时任上海市业余工业大学校长的闵淑芬看在眼里，有一次闵校长遇见朱懿心，亲切温婉地对他说："小朱你不要着急啊，想要读书是好事情，你在自己的学校也是可以读的呀，学校也需要你们！"

为此，朱懿心至今仍对闵校长满怀感恩之情，他就是喜欢读书钻研，有一股子不服输的劲儿。此时，1978年秋季高考招生又将拉开大幕，静安区招生办公室给朱懿心写来一封信，大意是：你是上届考生中我区考分最高却未被录取的，建议你再次报名参加高考，四个现代化建设需要更多像你这样的人才。

这封来信，更加坚定了朱懿心再次报考深造的决心，但他又觉得不能辜负闵校长对自己的期望，于是，他决定放弃全日制高考，而是报考自己的工作单位——上海市业余工业大学本科。谁料报考过程一波三折，按照有关规定，实验室工作人员只能报考专科而不是本科，朱懿心顶着压力自强不息，用事实来说话，最终考试成绩揭晓，他以物理满分、数学95分的优异成绩，被本校工程数学本科专业录取。此刻天高海阔，任其飞翔，朱懿心前进的道路上一片光明。

工程数学专业本科班共有31名同学，其中具有大学学历的有5人，其他几乎都是老三届，他们从农村基层厂矿辗转跳入"龙门"，大家都欢呼雀跃，更加积极努力地学习，因而，从学校到班级，学习氛围都极为浓郁。

作为而立之年才戴上大学生校徽的朱懿心，对待知识更是如饥似渴、学而不厌，他非常珍惜来之不易的学习时间，恨不得把一天掰成十天来用，他像海绵吸水一样，拼命地学知识、听讲座、做习题，与同学们相互切磋讨论有时甚至争辩得面红耳赤。授课老师们也在极力追回、弥补学生被荒废的好时光，都想着要把最好的、最新的知识传授给他们。师生教学相长，老师诲人不倦，学生学无止境。

放学后，哪怕是深夜，学校教室里仍然灯火通明，老师也直到学生对知识完全弄通弄懂才会放心回家。"这些老师高尚的师德师风，为我以后的从教之路树起了高高的标杆，也促使自己在以后的教学与管理生涯中，努力践行懿德懿风，创新实践，让学生学有所获。"朱懿心感慨道。

做有创新意识的教师

朱懿心知道，他学成毕业后，还是会留在学校当教师，"我非常愿意把自己的青春和智慧奉献给学校，因为这是改变我命运的母校，是我开启全新人生的地方，这份感情非比寻常。"朱懿心在大学时代，就很关注学习老师的教学特色，尤其是创新思维和理念，他希望将来能传承、发扬老师优良的教学教风。

朱懿心清晰地记得，班主任是20世纪60年代初北京大学毕业的梁文沛老师，他教授高等代数、概率论和数理统计课程，选用的是北京大学、复旦大学的理科教材。他还推荐了《线性代数》《数理统计》两本书让大家自学讨论。梁老师的授课高屋建瓴，很多命题、推理，他会另辟蹊径去证明，独树一格，既让学生孜孜以求，也让学生在求解过程中柳暗花明、豁然开朗，梁老师的授课更是令朱懿心陶醉迷恋。教授数学分析课程的是另一位20世纪60年代初复旦大学数学系毕业的谢伟如老师，他上课风格一丝不苟、严谨有序，他总是对教材烂熟于心，上课板书做题一气呵成，从无出错。他还要求学生们去完成莫斯科大学数学系吉米多维奇教授撰写的全部习题集，激发起学生们相互讨论学习的热情。两位老师的教导淬炼出朱懿心以后严谨准确又极富创新活泼的教学风格。

1982年大学毕业后，朱懿心先后在二工大数学系、管理系开设"线性代数""概率论与数理统计""运筹学""系统工程导论""经济控制论""预测与决策""生产与业务管理"等课程。他深知，要给学生一杯水，自己先得有一桶水，因为学无止境。1985年，朱懿心到上海交通大学进修系统工程研究生课程，更加拓宽了学术视野。

朱懿心根据学校的办学目标，教学注重理论联系实际，为学校培养基层一线的技术骨干。同时，他也广泛汲取国内外最新的理论知识为四个现代化建设添砖加瓦。1986年，朱懿心去北京中科院数学所进修我国数学家杨乐的均匀设计理论、日本田口玄一的三次设计理论等课程。当时运筹学最优化理论、系统工程理论风靡一时，在工程实践中确实发挥着事半功倍的作用。为把这些理论知识融合在课程中，朱懿心不辞辛劳，编写讲义，

1990年，朱懿心在二滩水电站调研

画了大量的参数设计图表给学生。在给三届管理工程本科生讲授生产与业务管理课程中，朱懿心从上课伊始，就开宗明义地给学生布置作业，要求学生至少列出目前企业存在的五个问题，如质量管理、流程再造、选址、调研数据分析、营销分析等，并运用最优化理论，对其中三个问题进行定量与定性相结合的分析，最后形成课程设计报告并被计入总分。整个教学过程让学生学而有目标，学而有用处，学而有收获。学生三五人成一组，凝聚团队的集体智慧，形成互帮互学的优良氛围，最终，他们都顺利完成了课程学业。朱懿心的这项教学成果也获得学校的教学成果优秀奖。

朱懿心在教学科研的同时，还非常注重与生活实践相结合，他参与教育部关于中国高中后教育研究的课题，深入到贵州黔东南、湖南桃江、山东莱芜、大庆油田、阜新煤矿等地，甚至深入地下300多米的采煤工作面，实地了解企业技术人员岗位的知识和能力需求。在三峡工程的课题研究中，朱懿心也走访了清江水电站、二滩水电站、三门峡水电站，特别关注如何培养培训企业工段长、车间主任、部门经理和高级工匠的方案。教研相长，接地气的科研工作也为教学提供了资源和背景。

密切配合，拧成一股绳

1984年7月，上海市人民政府决定，学校由上海市业余工业大学更名为上海第二工业大学；1988年2月，国家教委确定上海第二工业大学为国家教委的改革试验点、示范作用点和教委联系点；2000年7月，国家教育部批准上海第二工业大学由成人高校转制为普通高校；2003年，上海市人民政府批准上海第二工业大学为全日制普通本科高等学校，成为一所以工科为主、经管文理多学科协调发展的本科院校……学校的每一次转型发展，朱懿心都是见证者、参与者，有的更是推动者，为之付出极大的心血和努力。无论是在教师岗位还是行政岗位，朱懿心都倾情投入，至今回忆起来，他仍然充满着自豪和兴奋。朱懿心始终无愧于自己的人生，无愧于学校的培养，无愧于党和组织的殷切期望。

1995年，朱懿心和杨振宁教授在一起

朱懿心走上行政管理、校级领导岗位，既是偶然，更是必然。在教学上的创新、科研上的成功，使得朱懿心在学校中青年教师队伍中脱颖而出。20世纪90年代初，有一次他与汤佩珍校长到北京参加课题开会，与当时正在中央党校学习的王式正副校长不期而遇。闲谈中，朱懿心对学校目前存在的问题及应该如何发展十分关心。汤佩珍校长退休后，王式正担任校长，组织上考虑调朱懿心到校办兼外办担任副主任，而此时朱懿心居然还不是中共党员，这在高校党办、外办主任中可谓是绝无仅有，更何况他当时还担任着管理工程教研室主任，并不愿意脱离教学实践，转岗去行政管理岗位。

在组织的循循善诱下，他几经考虑，最后接受了这份对他而言颇具挑战性的工作。他深知，管理工作者必须心胸宽广，具备良好的组织能力和协调能力，不计名利，甘于奉献，又要有深厚的学术科研能力。自己作为一个管理学科的教师，光有书本理论不行，更要有实践经验，校办工作对自己而言正是一个实施科学管理的舞台。校领导或是看准了朱懿心的综合素养和能力，他又是二工大自己培养出来的本科大学生，对学校情况知根知底、感情深厚。

朱懿心就这样转换了身份，到学校综合管理部门工作，六年后进入了学校领导班子。21世纪到来后，朱懿心也是学校领导班子成员中唯一一位亲身经历过学校各种风云变迁的领导。朱懿心在此后的工作中，如鱼得水、大展身手。

朱懿心和王式正校长、李进副校长、胡寿根校长搭档的时间比较长，这三位校长与大家同心协力，让二工大的发展实现了"三级跳"，而朱懿心始终以办公室主任、副校长的身份，兢兢业业地完成各位校长交办的各项重任。无论与谁搭档，朱懿心都能做到密切配合，拧成一股绳，最终大家都能心想事成。

当年担任校办主任后，王式正校长比较欣赏朱懿心，感觉这个年轻人富有朝气，有创新思维和精神。此时学校规模也不小，有近十个系室，三千多名学生、四五百名教师，教师队伍中藏龙卧虎，人才辈出。

朱懿心走马上任后，首先在学校范围内办了一份《校内通报》，把学校改革各方面情况（教学、科研、招生、后勤资源等）都汇总上来，运用数据说话，让信息和资源充分调动、协同运用起来，并对重点事项加以点评，为校长决策提供参考和依据。这种工作劳动强度很大，有点自讨苦吃，但朱懿心严谨务实的工作作风，深得校领导和各方好评。

真刀真枪地训练学生

接近20世纪90年代中期，随着大规模补课拿文凭的学习热潮过后，二工大这所成人高校也发展到了十字路口。二工大当时的现状是：学生白天都在企业上班劳动，晚上再到学校读书，学校教学设施在大白天弃而不用，资源严重浪费，且因为各全日制高校都在开办夜间大学，截流、分流

朱懿心在数学建模参赛动员会上发言

了大批学生,因此,学校生源严重匮乏,招生也出现了问题,业余性质学校的掣肘使得学校难以伸展拳脚。学校面临着要么固守老本安乐死,要么锐意进取,脱虚向实的艰难选择,何去何从,形势严峻。

当时有上海市领导感到,二工大校区拥有市中心繁华热闹的黄金地段,每年上海市政府却需要拨出上千万元的专款,而培养出来的学生不过只有千余名。更何况,此时各类大学如雨后春笋般不断诞生,二工大是否还有存在、办下去的必要?也有领导坚信二工大的办学性质与培养目标与普通高校截然不同,眼光应该长远,完全有继续存在下去的必要。时任上海市教委副主任的薛喜民就是坚定支持的代表人物之一,他当时分管成人教育与职业教育,他认为,二工大招收的学生来自社会实践,而学校老师深谙企业经营发展之道,教学过程完全是理论联系实践,且以真刀真枪的实践为重,不图虚夸,这种特色鲜明的学校应该完全保留下来。

当时作为校办主任的朱懿心,深感学校走到了生死存亡的关键路口,他看在眼里、急在心头。此时，学校几次邀请各路领导、专家、学者到校，召开各种分析论证会议，朱懿心每次都认真听讲、仔细记录，分析整理各种观点的利弊得失，并最终形成文件供领导参阅。当时有三种截然不同的观点：第一种是并入或解散学校，师生人员全部分流，这是下策；第二种是学校转制成为全日制大学，这是上策，但困难重重，很难短时间内实现；第三种则是继续保持二工大原本的特色，凸显理论联系实际、面向经济改革主战场，争取招收部分全日制大学生，形成培养基层第一线工程技术和管理人员的个性和本色。朱懿心把它形象地比喻为：再长出一条全日制的腿来，两条腿走路，那就稳当了。而换个角度看，其实早在1987年至1989年，学校曾招收过三届全日制可以授予本科学位的学生，为上海市中专、技校定点培养师资，这说明二工大本身的师资力量，完全能够匹配全日制本科生教学的要求。

20世纪90年代中期，国家教育部也正在酝酿高等学校的变革大计。从全国一盘棋来看，高等学府越来越多，许多大中专也纷纷升格为大学，求大求全之风盛行，但却是统一的模式和类型。教育部有识之士在思考：高等教育如何分类指导，职业教育如何从中等向高等职业教育延伸，形成符合中国特色的高职教育。敏锐的二工大领导很快闻讯这一新动向，大喜过望。所谓高职教育，就是应该培养既有适度的知识面、更具有实践操作能力的人才，在企业中用得着、留得住、发挥大作用，这本身就是二工大的特色啊！校领导很快决定，学校必须向高职教育方向努力，这是唯一的也是最好的发展之路。

时任上海市教委副主任薛喜民认为，职业教育中，实验实训室非常重要，这是教学必备的实践基地。市教委经过认真论证、实地踏勘，选中了二工大，下拨专款，建立二工大职业教育机电实训基地，希望作为成功样板加以推广。学校明确建立起来的实训基地应具有特色和前瞻性。机械专业引进了美国FADAL公司的FMC-15加工中心和一批数控机床，对教师而言这是全新的课题。教师首先就要学习如何编程、如何加工刀具、操作夹具模具等，真刀真枪地训练学生。

机械制图原本就非常复杂精细，展示出各类装配图、剖面图过程繁复的效果却未必好，现在引进制图软件，电脑里就能够实现零部件360度全方位旋转，装配并立体呈现制图的实际效果，给教师更给学生带来全新的理念。电子专业原来在实验室里设计、搭建、调试各种线路，需要准备大量的仪器和材料，而国外却早就有电子技术模拟软件，软件里已经储存了各类仪器、器件、导线，学生只要按要求调用软件里的各种资源进行连接，就能模拟生成各种线路，进行测试、比较、分析，成本大为降低，实验结果即时可知，教学效果极大提升。机电实训基地的建成吸引了很多领导和同类高校的关注，朱懿心数十次热情饱满地接待来访的客人，传播职业教育的实训理念，为扩大学校的影响力做出了贡献。

成功"变身"全日制大学

学校趁热打铁，1996年5月，朱懿心随校党委书记刘全富、校长王式正一起到国家教委，向王明达副主任进行专题汇报，恳切希望学校能够从业余教育向全日制教育转型，试点招收一批应届高中毕业生，做大做强高等职业教育，培养面向基层、注重实践的有用之才。王明达副主任大为赞赏，深感二工大的做法与国家教委思考的高职教育目标一致，并建议由北京联合大学、深圳职业技术学院和上海第二工业大学三校负责牵头协调，把全国高等职业教育工作搞上去。

在王式正校长的领导下，朱懿心下深圳、上北京，起草文件，穿针引线协调三方学校，促成了三校校长协作组的成立，并在全国首次编写出版了十三本高职高专教材。一直到今天，这个协作组已扩展成全国高职高专校长协作组，有一百多所学校参加。朱懿心满怀深情地回忆这段难忘的历史，王式正校长是开创者，李进校长跟进发展，却都闭口不谈自己曾经的功绩。朱懿心介绍说，深圳职业技术学院的俞仲文校长更富有创意，他建议不光是大陆地区要搞协作组，还应该把台湾地区的高职学校吸引进来。于是1999年，首届海峡两岸高职高专教育研讨会分别在北京、上海、深圳

2007年，朱懿心参加海峡两岸高职高专教育研讨会

举行，台北科技大学也应邀参与进来，共商高职高专教育愿景，之后，这个研讨会年年举行，一直延续到现在。

非常之时需有非常之策，出非常之力，朱懿心至今觉得属于得意之作的有许多，其中开办学校网站就是一抹亮点。学校的郭维芹教授大胆提出，既然搞职业教育，就应该设立一个网站，介绍其相关情况。朱懿心听后眼前一亮，那可是新生事物啊！

老校长汤佩铮对此力挺支持。他们在外借了房子，潜心策划网站建设，曹育南挑起了大梁，王式正校长也经常给予指导，短短半个月，"上海高职热线"诞生了。时任上海市教委主任张伟江亲笔题名。网站介绍海内外有关职业教育的理论、发布教育部关于职业教育的最新信息、国内三校合作及海峡两岸高职课程改革、实践环节设计等动态信息，即时更新发布，且权威可信。在20世纪90年代凤毛麟角的网站中昂首鹤立，引来一片赞扬叫好之声，成为现在"中国高职高专教育网"的摇篮。

2006年，章含之来访

听说二工大建设了高职机电实训基地、成立了三校校长协作组、建立了高职网站，教育部派规划司、高教司、职成司相关领导到二工大实地考察，他们大为赞赏地对王式正校长说："你们的办学模式和方向完全与教育部的构想一致，我们坚决支持你们，有什么要求可以提！"王校长坦诚相告："一直想招收全日制学生进行职业教育的试点，像现在学校受业余大学性质所局限，资源浪费，有劲无处使，也阻碍了学校的进一步发展。"教育部有关领导当场拍板同意可以试验，并询问想要多少全日制高职招生名额。王校长想法大胆，但试水小心，权衡后只是要求第一年首批招收9个专业、270名全日制学生。

好事多磨，学校申请报教育部后，教育部没有及时回应，因为二工大不在全日制院校招生范围之内。曾来过上海考察的司局领导据理力争，认为二工大确实达到招收全日制学生的软硬件水准，完全能够胜任。但教育部有关领导还是半信半疑，要求二工大尽快把招收全日制高职学生的教学计划报送教育部。

王式正校长听到这个消息既喜又忧，此刻已经临近新春佳节，欢乐的鞭炮声不时响起，学校也放假了，他马上打电话，要求朱懿心把全日制高职专业教学计划上报教育部。朱懿心临危受命，却纹丝不乱，因为他胸有成竹，早就和教务处一起把9份全日制高职专业教育计划书详细编写出来了。朱懿心与学校教务处长姚家伦赶到学校，连夜把计划书传真到教育部，计划书强调高职教学理论联系实际，理论教学以必须够用为原则，实践教学真刀真枪层层推进。二工大的教学理念得到了教育部领导的肯定，教育部终于同意二工大招收300名全日制高职学生列入1997年高校招生计划，进行先行先试。二工大1998年扩大招生到500名，1999年扩大招生到1 000名，学校招生全日制学生的"一条腿"终于慢慢长出来了。

但二工大的业余制性质还是没有改变，"达摩克利斯之剑"仍高悬在师生的头上，既然是业余大学，还是有可能随时被取消招收全日制学生的资格或被兼并。王式正校长是国家高校评议委员会的委员，他殚精竭虑，日夜思考着如何才能将学校转制成为全日制高校。

朱懿心明白，要使学校成为全日制大学，必须在高职教育理念和教学实践中形成特色，确保质量，才能通过高校评议委员会的评审向教育部呈送申请报告。此时，上海市教委为支持二工大的发展，把原在浦东杨思地区的上海体育师范学校场地划给了二工大，学校也有了一块相对集中的适合培养全日制学生的集教学、体育活动、住宿为一体的校区。朱懿心已把工作重心全放到了全日制高职教育上，他浦西、浦东两边跑，教学、学生工作一手抓，他和全校师生一起拧成一股绳，同心协力，重新梳理职业教育理念，完善教学计划，扣实做细实践教学环节，充实学生和就业工作，加强后勤保障，圆满地迎来了首届全日制高职的毕业典礼。三年的实践积累了经验，朱懿心的心中也有了底气。

2000年4月，教育部由清华大学原党委书记带队，专门来二工大进行转制评审，王式正校长进行全面汇报。专家组实地考察，逐项询问，肯定了学校举办全日制高职教育的理念、措施、保障和质量，一致同意二工大从业余制高职院校转变为全日制高职院校。这是学校建设与发展在21世纪新的里程碑。但全日制高职学校，不能称为大学，要改校名，大家又集思广益。5月3日，恰逢时任中共中央总书记的江泽民同志为学校建校四十周年题词："发展高等职业教育，为四化建设培养合格的专业人才。"最后考虑到学校的历史、在海内外的影响和后续发展的前景，教育部接受了学校保留"上海第二工业大学"的校名。

学校改制后，2000年10月，在时任上海市市长徐匡迪的支持下，市政府专门在浦东金海路拨出500亩土地，建造新学校。朱懿心又受命担任了新校区筹建组组长，他带领筹建组10人小组到广东、深圳、珠海考察，博采众长，绘制蓝图，力争建造一所全新的一流的高职大学。

好做法坚持到了现在

2001年11月，新二工大成立，校领导班子重组，朱懿心还是担任分管教学的副校长，从教学、招生就业、成教到图书馆，都是朱懿心分管，因为新班子中，只有他最了解二工大的历史沿革和曲折发展。

新二工大在新起点上做大做强。以二工大为组长单位的全国高职高专校长协作会不断发展扩大。"上海高职热线"也凭风借力，受教育部委托，改为"全国高职教育网"；高职理论研究、高职教材编写、高职师资培训、建立产学研合作联盟……这一系列举措，令教育部和上海市有关领导刮目相看。全国各地关注高职高专教育的人士，都知道上海有一所第二工业大学，前来参观、学习的络绎不绝，他们尤其对高职教育理念、教学改革、实验实训基地最感兴趣。一石激起千层浪，影响就像涟漪似的不断扩大出去。朱懿心作为分管副校长，一直积极协助配合上级领导，并做好自己分管的教学及各种接待、宣传、联络工作。

2004年，二工大以春招全日制专升本为切入点，开始了学校的升本工作。2005年6月，朱懿心又和时任校长胡寿根一起，参加上海市普通高校学士学位授予权评审会，进行汇报和答辩。10月接受专家组来校进行本科

朱懿心的部分获奖证书

专业评审。

朱懿心感到,专科与本科要求不一样,高职全日制本科与一般全日制本科又不一样,在继续加强实践教学环节的同时,必须加强基础课,一定要打赢这一仗。时年,有关部门决定组织上海数个新升本大学的学生统考"高等数学"科目,朱懿心与教师们认真研究,从时间上保证、政策上倾斜、措施上到位,全力以赴积极备考。尽管有上海工程技术大学、上海应用技术大学、上海电机学院、上海金融学院、立信会计学院等一起参加考试,在朱懿心及其教学团队和全体学生的共同努力下,二工大的成绩还是连续三年蝉联第一,令人心生敬佩。

朱懿心为推动学校教学发展,不断推出创新举措,首先是实行专业导师制度,学校内不能只是辅导员关心学生,每个专业班级都要设有专业导师，关心学生的专业发展，并从政策措施上得到保障。其次是增设创新实践学分，强调学生到实践中去，要求学生在四年的学习生涯中，考取不少于6个的创新实践学分，像参加小制作、小发明、小设计活动，参加假期社会实践活动等，都可以算作创新实践学分，导师、辅导员都要签字认可，并放进学生档案；他还倡议举行优秀教学奖、教学成果奖、学生评奖、教师指导评奖等，充分激励师生做"知行合一"的践行者。这些好做法，学校一直坚持到现在。

在校庆45周年时，朱懿心作为学校改革发展的见证者、参与者，他在浩瀚的万余张历史照片中精选了400多张照片并逐一加以注释，汇编成"岁月传真"，"予前辈以慰藉，予今人以感悟，予来者以昭示"，为学校留下了一份宝贵的历史资料。2008年，朱懿心从副校长岗位上功成身退，但学校和师生们一直记得他为学校所做的一切。

王智琦　江跃中

教授感言:

大爱铸就教育,唯有充满人文关怀的教育,才有教学的快乐和创造。

徐佩莉,1950年3月生,浙江绍兴人,研究生学历,中共党员,研究员。现任中国人力资源开发研究会专家委员会副主任,全国女性人才研究会理事长,上海女性人才研究会会长,上海市慈善教育培训中心主任。曾任中国纺织大学党委副书记,上海市妇联副主席,上海市计算技术研究所党委书记,上海第二工业大学党委书记,上海市第四、五届青年联合会委员,上海市第九、十届政协常委,社会和法制委员会副主任,上海市第七、九届党代会代表,上海市婚姻家庭研究会会长,上海市计算机行业协会副理事长,上海市信息学会副理事长。曾荣获"上海市高校优秀思想政治工作者""上海市三八红旗手""上海市劳动模范"称号。

真爱奉献　尽情绽放

徐佩莉出生在上海，江南赋予了她柔和细腻的心灵；独具上海风情的弄堂里有她童年的故事；东北黑土地里有她无悔无畏的花样年华，岁月的磨砺赋予了她坚韧豁达的性情；重回上海，属于她平凡而又激情的人生舞台一次又一次拉开帷幕：普通教师、研究员、高校党委书记、妇联工作者、人民代表、政协委员、慈善公益人……每一个角色，她都游刃有余，演绎得有声有色。

不怕挫折、忍辱负重的性格

"从小养成的体育锻炼习惯，使我终身受益。尤其是无数次的输，才会有一次赢的心理磨炼，培养了我不怕挫折、忍辱负重的性格。"——徐佩莉

光阴荏苒，在徐佩莉的人生当中，有着无数的老师，唯独这位戴老师，让她终生难忘。"这位非常敬业又非常严厉的体育老师，影响了我一生。"徐佩莉如是说。

徐佩莉就读的小学是一所弄堂小学，学校里的体育设施很简陋。而这位戴老师一眼看到喜欢蹦蹦跳跳的徐佩莉，就知道这个小女孩纤瘦的身体里所蕴含的能量。于是，除了体育课外，戴老师还利用每周两次的课余体育锻炼时间，借用市区的体育设施，悉心培养徐佩莉和几名学生的体育技能。

徐佩莉没有辜负戴老师因材施教的良苦用心。十岁那年，她第一次尝试就通过了跳马、自由体操、平衡木、单杠、高低杠、吊环六个项目的比赛，获得了国家体育运动委员会颁发的"体操少年级运动员"称号。以后戴老师又带着她学打乒乓球，使她有机会代表学校参加乒乓联赛。

小学毕业的徐佩莉考取了市北中学,该校的特色体育项目是排球,学生们个个会打排球,这就为徐佩莉上大学后进入女子排球校队,成为一名主力队员打下了基础。

徐佩莉常对青年学生讲青少年爱好体育运动会终身得益。小学两年的乒乓球"童子功",使她在三十多年后有机会参加上海和全国高校的"校长杯"乒乓球比赛,还在2006年获得了上海市科技系统、教委系统领导干部女子乒乓球赛第一名。

2008年,上海市浦东新区三所高校大学生"迎奥运"长跑活动在上海第二工业大学(以下简称"二工大")举行,时任校党委书记的徐佩莉已经58岁了,但她一口气领跑了2公里。她的记忆中,每天早起围着操场跑几圈的习惯,还是学生时代的事,真没想到,还能在中老年时延续耐力。

好儿女志在四方

"好儿女志在四方,哪里需要哪安家,黑土地上留下了我令人难忘的青春印迹。"——徐佩莉

18岁那年,徐佩莉怀着学习雷锋、焦裕禄好榜样,将有限的生命投入到无限的为人民服务中去的理想和屯垦戍边、服务祖国的志愿离开了上海,前往黑龙江生产建设兵团,开始了她的知青生涯,在虎林地区四师37团9连当上了一名战士、农工班长、排长。

在建设兵团里,什么脏活累活,徐佩莉一概不在话下。记得有次感冒发烧了,她仍拖着病体忙农活。炽热的太阳炙烤着大地,额角流下了串串咸咸的汗水,她站在脱粒机旁连干数日,直干得大汗淋漓、心慌乏力、眼冒金星,虚脱了被战友们送回去,战友们把她锁在寝室里,想让她好好休息,而她却在战友离去之后,从窗子爬了出来,又继续干活去了。

更惊险的故事发生在林海雪原中。那一夜,她迷路了,找不到回营地的路,干了一天的活,已经腿脚发软的她不时被埋在雪中的大树根绊倒。

徐佩莉为电工学实验做准备

18岁的她心中反复念叨着:"不怕,不怕,狼来了我手中有铁锹。"直到今天,徐佩莉都对那漆黑的夜晚转了6小时才走出森林的往事记忆犹新。

尽管每天干得腰酸背痛,缺乏生活经验会遇到险情,但徐佩莉总觉得苦中有甜,累中有乐,险中有趣。这里除了理想的力量外,少儿时爱好运动,磨炼了意志,培养了她热情开朗的性格和能吃得起苦、受得起累的禀性,也确实让她受益匪浅。

徐佩莉这个"铁姑娘"形象在战友们心中留下了深刻的印象,是知青们交口称赞的骄傲。1973年,徐佩莉被推荐参加大学招生考试,语文作文的题目是《一个难忘的人》,阅卷老师发现了一件神奇的事情,许多考生笔下难忘的人都是徐佩莉。四十多年后曾经同甘共苦的战友们来相会,睡过一个土炕的女战友拉着她的手动情地说:"今天我为见你而来,你是我一生中最敬重的好人。"

每当谈起这一段屯垦戍边的经历,徐佩莉不无感慨地说:"正是广阔的天地培养了我们以奉献社会为荣的情操,艰难困苦磨炼了我们的意志。身边老战士和优秀青年吃苦耐劳、勇挑重担、不惜牺牲个人利益的品格,带动影响了我。责任和奉献是青春激扬的种子,责任情怀和耐劳品格是我一生享用不尽的精神财富。"

教书育人的荣光与自豪

"那一声姐姐,那一个拥抱,让我深深感悟到作为一名教书育人的老师是无上的荣光和自豪。"——徐佩莉韩愈在《师说》中说："师者，所以传道授业解惑也。"在1977年的时候，徐佩莉还没有意识到，她的人生就要与传道授业有关联了。

那一年，她在华东纺织工学院机械系化纤自动化及自动装置专业毕业，面临本届毕业生有赴西藏的名额，她又义无反顾地报名去西藏工作，好儿女志在四方，哪里需要哪安家，仍是她心中不灭的志向。

然而这一次，徐佩莉与西藏失之交臂，留校任教，一干就是二十二年，她先后任自动化专业教师、学生辅导员、党总支副书记、宣传部副部长、组织部副部长、部长，1991年4月至1994年12月任中国纺织大学党委副书记兼校工会主席，1994年12月至1998年4月任学校党委副书记兼纪委书记、校工会主席、无锡校区党委书记。2006年她又担任了上海第二工业大学党委书记、研究员，拥有三十年高校的教龄。

徐佩莉认为教师是天底下最美丽的事业，她的青春年华在教书育人的岗位上耕耘，她对人才培养有着独特的分析和思考。《中国高教研究》刊登了她撰写的《高等教育大众化文化向度价值取向与全方位育人策略》一文，《解放日报》新论版发表了她《大爱铸就教育》的文章。

她深悟"大爱铸就教育"，注重"全员、全过程、全方位育人"。她说，办学以育人为本，教育以大爱铸就，质量以特色为基，育人以"三全"彰显。她认为教育的价值取向是当前高等教育大众化发展中最核心的问题，是高等教育一切行为的基础。教育具有鲜明的生命性，是以人为本的社会中最体现生命关怀的事业。

她常说："大爱铸就教育，因为教师对学生的大爱和学生对教师的敬爱是推动教育创新和发展的原动力。唯有情感的交流，才有学习的激情；唯有思想的沟通，才有真理的启迪；

徐佩莉为学生批改作业

唯有教学的互动，才有创新的火花；唯有创意的融合，才有成果的结晶；唯有充满人文关怀的教育，才有教学的快乐和创造。"

她认为让高等教育的过程充满人文关爱，既是创新型人才铸就的基石，又是"三全"育人体系和机制的本质内涵。因而二工大党委率先制定了《全员、全过程、全方位育人规划纲要》，聚全校之力，坚持不懈推进"三全"育人实践。

谈到人才培养，徐佩莉尤为强调高校应该培养经济社会所需要的人才。2003年到2006年期间她在上海市计算技术研究所任党委书记，这是转制为企业的高新技术研究所。她走访过许多企业，访问过众多专家学者，了解到多学科知识的融会贯通，以及跨界合作培养人才，尤为重要。既懂机械，又知晓自动控制和计算机应用，还熟悉工艺流程的综合型人才，很受理工类科研机构和企业青睐，这正反映了社会对"博学"型复合人才的需求。

她崇尚产学研结合的办学模式，热衷于为产教融合、校企合作牵线搭桥，她推崇教师下企业实践，要具有解决一线技术问题的能力。她常说，工作岗位不仅需要知识，需要融会贯通的技能，更需要劳模和工匠精神。高校应该贴近就业、贴近产业、贴近市场，培养愿意热忱服务于生产和社会实践的人才。只重视知识传授而轻视应用能力训练和职业精神培养的弊端，只能使我们培养的学生疏远市场需求。

她鼓励学科交叉融合，培养一专多能的人才，主张学生多学科选修课程，拓宽知识面，多参与企业和社会实践。《文汇报》时评专栏发表了她的文章《高等教育如何服务经济转型》。她主张：要形成支撑经济结构调整的科技和人才体系，必须提高产学研合作对人才培养的贡献度，需要协调各方目标价值的差异、利益的分歧，从现在松散的合作，走向"法律保障、政府推动、战略牵引、市场导向、优势互补、利益共享"的可持续发展的新机制；在合作模式上，由单一技术、项目、课题攻关的短期合作，发展为共建开放型技术研发中心、实验实训室、人才培养基地等；在合作愿景上，坚持"共赢"原则，合作各方不简单地以成果转化、提供学生实习等为目的，而要形成能促进产业改造升级、人才培养的战略性、整体性、长期性合作联盟。

2010年,徐佩莉参加了联合国科教文组织"创意城市"(上海)推进办公室的工作,与同伴们从政府政策引导,资金重点扶持,产教融通合作,资源整合共享作调查研究,参与制定高校学科专业建设与上海文化创意产业融合发展的方案,组织文创产业管理人员、青年设计师能力提升培训,为"设计之都"建设出力。

在高校经历中,徐佩莉最钟爱的还是青年学生工作。她担任学生辅导员,又做专业教师,这种结合专业教学做思想政治工作的模式,效果好,她能敞开心扉与学生交朋友,学生们也喜欢亲近她。她的学生在毕业后,回忆到这位宛如大姐姐的老师,她们都如是说:"徐佩莉老师是我们四年大学生活中对我们影响最大的名师、恩师,我们一直为有这么一位优秀的辅导员而感到自豪,她的一言一行、一举一动给我们世界观的形成起到了很重要的作用。"

1978年6月29日,《文汇报》头版头条登载了《在思想园地里辛勤耕耘》为题的报道,讲述了徐佩莉结合专业教学做学生思想政治工作的事迹。1981年,31岁的她被评为"上海市劳动模范",还多次获得"上海市高校优秀思想政治工作者""上海市三八红旗手""优秀共产党员"等称号。而这一切与学生毕业离开母校前对她叫的那一声"姐姐"相比,又显得多么的"不足轻重"。她直到现在还记得,那一张稚嫩的脸庞,看着她,深情地对她说:"徐老师,能否让我叫您一声姐姐。"那一刻,她深深感悟到作为一名被称誉为"人类灵魂工程师"的教师是多么的幸福。

从2013年起,每年徐佩莉都会以劳模讲师团成员的身份,为大学生作"生命在爱心和创新中绽放"等主旨报告,勉励青年学子要珍惜大好时光,传承和发扬劳模工匠精神,刻苦学习,勇于创新,乐于奉献,勇担社会责任,以爱心和奉献彰显青春风采。

徐佩莉还常常深入班级参加主题活动,让同学们分享她的成长经历与人生感悟,学子们说:"徐老师是一个心胸宽广的人,虽然已至花甲,却是那样的单纯率直、阳光自然,享受慈善带来的快乐。从她的身上我们学到了人生最宝贵的东西：心怀善念，温暖你我！"每次活动后，徐佩莉的人生感悟都会拨动大学生的心弦，产生感动和共鸣，迎来纷纷点赞。有小女生，也有大男生会动情地说："徐老师，我能拥抱您吗！"朴实的话语，道出了年轻学子的由衷敬意。评为市劳模后，她第一位结对的青年女教师朱美芳后来也成了市劳模，成了中国科学院院士。

为群众办实事，是我最大的快乐

"人大代表是群众选出来的，这不是一种荣耀，而是一份责任，能真心实意为群众办些实事，是我最大的快乐。"——徐佩莉

大爱无声，大德无形。徐佩莉在教育岗位上倾注爱心于学生身上。在工作之外，责无旁贷地担当着更多的社会责任。

1983年至1998年，徐佩莉在东华大学（中纺大）担任学生辅导员到党委副书记期间，连任五届上海市长宁区人大代表。她牢记人大代表密切联系选民、全心全意为人民服务的宗旨，重视呼吁、反映群众迫切希望解决的问题，践行情为民所系，权为民所用，利为民所谋。

说起人民代表，许多教职工对徐佩莉到处奔波，帮助解决"装电话难"的问题记忆犹新。1993年，那时电话通信还不发达，固定电话"放号"比较紧张。大家期盼早日拥有电话，便于交往联系。徐佩莉了解到这个情况后，想方设法找到上海市电话局领导，当面反映了教职工期盼尽早装上电话的愿望。市电话局对高校的需求很重视，加快了电话线路升级改造，对大学提前"放号"，圆了教职工的"电话梦"。

此外，她在帮助提高教职工子女就学质量方面不遗余力。当时教职工反映，纺大新村附近的小学，教育质量欠佳，如果借读到教育质量好的小学，又离家较远。徐佩莉在深入调研后，通过多方联系沟通，在区政府的关怀下，积极促成中纺大与附近小学结对共建。后来，通过配强师资力量、共享教学硬件设施等措施，这所小学教学质量不断提升，很快成为一

徐佩莉在科技博览会上介绍学校科研成果

所远近闻名的市先进小学，教职工们感受到组织的温暖，更安心于学校教育事业。

类似事例，不胜枚举。落实退休教师活动中心，丰富教职工业余生活，家属宿舍及道路改造……正是这样一件件的为民实事，使大家感受到她的亲和力，有事都爱找她帮忙，有话都爱找她谈心。担任市计算所、二工大党委书记后，她仍关心着师生的生活，为地铁站延伸到三所高校所在地，交通要道探视器的及时安装，改善空气质量等事宜，多次走访地铁公司、公安部门等单位，积极提案建言献策，积极促进问题解决，受到了师生的爱戴。

徐佩莉认为人大代表、政协委员是受信任而肩负责任，只有积极履职，才能不负参政议政的使命，担当民主监督的重任。她曾以《进一步发挥妇女群众团体在立法执行过程中的民主参与民主监督作用》《加速先进文化建设，倡导先进的性别文化》《弘扬上海妇女时代精神》《建议制定上海市生育保障基金》《建议制定上海市家庭教育条例，营造儿童健康成长的环境》《面对金融危机，重视大学生创业就业》《立足城市战略发展主题，建设产学研合作长效机制》《关于构建教委、高校、地方联动的校园突发事件处理机制》等为题，多次在全体市政协委员大会和专题会上发言。《关注当前影响妇女发展的就业、参政与健康问题》获大会发言优秀奖。

徐佩莉还将提案积极地付诸实践，与上海市劳动局合作一批再就业培训项目，与上海市质量协会合作ISO质量标准培训项目；与市消费者协会联合推进产学研合作项目，推进科技成果产业化和科技绿色产品进社区活动，负责组织的"科技绿色消费"活动项目获上海市科技节优秀项目奖。

自2000年起，徐佩莉担任了上海市人民检察院第一分院的廉政监督员，而后又担任了人民监督员。在十多年的履职中，"用情"服务、"用心"参与、"用法"监督是她对监督员工作的真切感受，她重视、倾听群众的呼声，收集政协委员对检察院工作的评价，使监督建立在对社情民意了解和调研的基础上。她多次参加庭审，调研市检察一分院对案件的处理情况。在实践中学，在过程中用，把握准绳，提高监督效果。

监督员鲜活的工作架起了政协委员与执法部门之间沟通和监督的桥梁，如何进一步拓展监督的渠道，使年轻的检察官更多地熟悉社情民意，使法制教育深入青年大学生，她建议一检院和高校共建一个集"法制廉政、思想品德、文明和谐"为一体的教育平台，得到了检院领导的支持。检察官深入高校给领导干部开设廉政教育讲座，给大学生讲犯罪预防，组织年轻检察官与青年师生开展"普法杯"辩论赛、"与青春同行"英语演讲赛，亲自为年轻检察官作"理想、使命、担当——不忘初心 做有为青年"讲座等，别开生面、精彩纷呈的教育活动开启了双方同创精神文明，携手合作的育人机制。

以身作则，奏响爱的赞歌

"我努力以身作则，让更多的人感受爱、相信爱、传递爱，齐心协力奏响一首首爱的赞歌。"——徐佩莉

2013年,徐佩莉退休,担任了由上海市慈善基金会与二工大联合创办的上海市慈善教育培训中心主任,成了一名慈善公益人,她带领的中心团队被评为"上海市慈善之星"。面对新的岗位,新的挑战,她一直思考和践行着"知识扶贫,技能助强,促进发展"的宗旨,把爱传递给更多的人。

徐佩莉在慈善论坛中演讲

她亲自策划组织"牵手艺术彩虹 献给未来地球"创意艺术项目,面对爱好艺术的白血病患儿、自闭症孩子、贫困家庭和农民工子女,她如同一位慈祥的奶奶,帮助孩子们通过对创意课程的DIY来描绘自己心中的梦想,以创意艺术激发孩子们对地球未来命运的关心和爱护,用宽广的

徐佩莉为白血病患儿送去节日关怀

视野看待世界,善待地球,亲近自然,崇尚环保,让爱心点亮生活,设计创造未来,做一个有责任心的"地球小公民""小小创意家"。

2016年的六一儿童节,徐佩莉率队来到上海市儿童医院住院部,为身患白血病的儿童送上艺术教育课程和节日礼物。课后,她又到病房一一问候在治疗中的病患儿童,与孩子们亲切交谈。这些可爱的孩子,期盼爱的甘霖播撒,渴望感受阳光的温暖。她勉励孩子们树立战胜病魔的信心,做一个快乐的"坚强天使"。9月,徐佩莉又来到南京西路"阳光之家",与智障、残障少儿一起欢度"中秋节"。她给孩子们讲述"月饼""玉兔""嫦娥"的美丽传说,指导孩子们用软陶捏成一个个形象逼真的"月

徐佩莉代表市妇联向西部贫困地区捐款

饼"、可爱的"白兔",让孩子们感受慈爱的温暖,节日的快乐。

2015年春,徐佩莉和篮球巨星姚明一起,启动了由培训中心承办的耐克"活力校园""草根篮球"体育公益行动,与爱好篮球运动的青少年一起,感受公益体育带来的快乐。项目团队常年在社区运动场组织周末篮球训练,已持续开展三年,推动篮球运动,提高少儿体质。

2015年,国务院发出"大众创业、万众创新"号召,对创新创业教育提出了更高的要求。但是,创业并不容易,大学生中积极尝试创业者很少,成功创业者更是寥寥无几。徐佩莉敏锐察觉到,大学生创业教育需要切合实际的引领和后续服务。而培训中心有着多年青年创业教育的经验,汇聚着一批创业方面的资深导师、行家,挖掘创业教育潜力,整合社会资源,大力开展创业教育迫不及待。

主意已定,撸起袖子抓紧干,徐佩莉亲自拜访上海市创业促进中心领导和部分高校领导,深入学员初创企业,研究创业课程建设,她带队做的课题"大学生电子商务创业研究"获上海市教委颁发的优秀论文奖,"以新时代中国劳模和工匠精神,推进大学生创新教育的实践研究""高校关工委参与大学生创业教育工作的作用和实践研究"获上海市教委关工委颁发的特等奖、一等奖。每逢开班或结业典礼,徐佩莉都会去现场,为学生创业加油鼓劲。她还经常与创业班的学员交流指导,和青年创业学员成了忘年交朋友,成了他们的引路人。至今,中心NFTE创业培训课程已为上海30多所高校、50多所中职校学生提供教育服务,广受好评。

二工大计算机专业毕业生尚晓辉,参加创业培训后,萌发了创办二手书店的愿望,徐佩莉经常询问公司创办情况,深入实地作指导,他创办的"金海攀月"公司以网上平台与实体书店相结合,生意越来越红火,很快走上了盈利之路,多次获得了风险投资公司的支持,还在曹路社区开设了国内第一个绿色环保阅读书城,创新了共享二手书双向运营模式,正朝着成为国内二手书销售龙头企业的方向发展。

徐佩莉与西藏学生畅谈无人机学习体会

二工大来自农村的经济管理专业毕业生李辉，在徐佩莉的鼓励下，选择了一条适合自己的创业之路。创业初期，李辉每天几乎18个小时的工作，还赚不到钱，有时真的想放弃。关键时刻，徐佩莉给予他精神上的鼓励和项目上的支持。如今，李辉已经是三家公司的经理，三家公司年产值合计超过500万元。李辉感恩创业路上的人生导师，立志奉献社会，帮助更多的人。8年来，李辉为1 000余名困难学生提供勤工俭学岗位，帮助20余名大学生创业，全额资助4名贫困大学生完成学业，体现了创业者的崇高情怀。

今天，徐佩莉正带领着团队从关爱青少年创意创业教育转向关注创新科技发展，联手社会爱心力量组织上海、全国无人机科普教育和大赛，让特殊孩子共享人工智能科普教育和高科技竞技赛事的快乐。她积极开发产学研合作资源，实施青少年优秀教育成果产业化项目，建立跨界融合的持续关爱机制，让现代慈善项目在育人舞台上精彩无比，慈爱光芒惠及更多需要帮助的人们。

爱一行，干好一行，是我对责任的解读

"在人生舞台上，爱一行，钻一行，干好一行，这是我对责任的解读。"

——徐佩莉

徐佩莉曾担任过多项社会工作，有着丰富的阅历和经验，对于每一个不同角色，她都拥有创意激情，乐于创新奉献，她倾注心血，尽善尽美地去演绎各项角色，创造新的业绩。

1998年，徐佩莉离开高校专职从事妇女工作，任上海市妇女联合会副主席。她曾分管上海女性理论研究工作，担任中国婚姻家庭研究会理事，市婚姻家庭研究会会长，组织并主持过以"女性人力资源开发""女性人才管理"等为主题的二十多次学术研讨活动，并大量开展女性科普知识教育和职业技能培训。她与市妇联干部一起，深入高校和研究所，推进了一

批批女性研究中心的建立。

2000年在市妇联领导指导下,她立足都市特色,组织了十个课题组对20世纪90年代影响上海妇女地位变迁的诸多因素进行了历史上最为广泛的综合调查,指导全市妇女研究中心完成了综合经济、政治、科技、教育、文化等方面上海妇女发展课题。用大量翔实的数据,研究社会变迁中的上海妇女社会地位的现状、发展及对策,主编出版了57万字的《面向21世纪的上海妇女》一书,该书荣获2004年度第一届中国妇女研究优秀成果奖调查研究报告类一等奖。她还主编出版了《妇女研究在上海——世纪之交的上海妇女研究》一书。

在全国女性人才研究会理事长叶叔华院士和副理事长、秘书长王翠玉的指导下,2007年,上海女性人才研究中心成立,时任上海第二工业大学党委书记的徐佩莉任主任。2010年,徐佩莉又担任了全国女性人才研究会

徐佩莉主持"社会性别与女性人才"论坛

2010年,徐佩莉在全国女性论坛与叶叔华院士合影

常务副理事长,每年就女性关注的问题,组织女性发展研究和论坛,两年一次组织全国论坛。2009年5月,徐佩莉在二工大举办了全国女性研究会成立20年来首次举办的国际女性论坛,以"社会性别与女性人才发展"为主题,有32位中外妇女研究专家、学者在五场分论坛上,围绕女性发展、性别文化、职业女性权益等多个女性关心的热点话题,多角度地展开探讨交流,国内外近300位嘉宾出席了论坛,论坛共收到国内外专家学者的论文180余篇。2010年8月,"世博与女性人才的美好生活"全国女性论坛在二工大举行,来自全国各地的女性人才研究专家学者和妇女干部60余人出席论坛,参加了观博活动,分享世博精神和世博科技盛宴。2012年,徐佩莉再次在上海国际会议中心组织了以"智慧女性为创意城市添彩"为主题的女性发展国际论坛。由于徐佩莉在女性人才研究上的倾心付出和工作业绩,2017年,在山西女性发展论坛期间,经选举,她担任了全国女性人才研究会理事长。

徐佩莉一直有个愿望,想借着女性人才研究会的平台,做一些对下一代有帮助的实事。于是,她想到了上海汇聚着大批杰出成功的女性,将她们的人生故事、生命轨迹、心路历程编辑成书,以报告文学的形式展现给女性青年,让女性青年走进成功女性,通过阅读得到感悟、启迪和震撼。

徐佩莉担任了"上海女性成才的心路历程丛书"的主编,从2008年至今,《玉兰正盛开》《曼妙的玫瑰》《芬芳紫罗兰》《绚丽郁金香》《幸福康乃馨》《变幻的芙蓉》《吉祥的牡丹》《百合之爱》相继问世,8本图书,200多万字,生动记载了叶叔华、周小燕、于漪等137位上海各行各业优秀巾帼女性的动人事迹。徐佩莉把这些凝聚着杰出女性非凡故事的图书送给女大学生,送给创业班的女学员,并组织优秀女性与大学生座谈互动,使青年学生通过领悟和实践，进一步获得人生的真谛、成才的动力、成功的喜悦，学到故事主人翁做人做事的高尚品德、自主创新的精神、刚柔相济的性格以及善良豁达的情操。

"春风育桃李，老杆扶新竹"。2013年徐佩莉退休，担任了二工大老教授协会会长，实践使她深感大爱铸就教育，唯有充满人文关怀的教育，才有教学的快乐和创造。担任书记岗位时，她曾带领党委班子制定全员、全过程、全方位育人纲要，夕阳之年，仍一往情深地为此奔波，她意识到，老教授是关心下一代的宝贵财富，是劳模工匠精神的实践者和传授者。例如老教授关肇勋，一生崇尚创造发明，退休23年来，在家务劳动、生活中的创新创意不断，他持续在《每周广播》等平台媒体上，发表小发明文章，被誉为"创意达人"。徐佩莉深深为关教授的精神所感动，于是，她在筹划"做小小创意家"创意棋类教育课程时，邀请关教授再次走上讲坛，传授永无止境地发明创造的工匠精神，请他与吴小滔、曹镇荣教授一起，指

徐佩莉与国际友人共话女性研究

导学生用计算机软件设计棋盘,在电脑上布棋、走棋,使学生共享创意空间闪烁的竞技光芒,近距离领略老教授们孜孜不倦、刻苦钻研、不断创新的工匠精神。

  2014年,徐佩莉担任了二工大关心下一代工作委员会副主任,她重视调动校关工委成员的集体智慧,发挥"五老"在立德树人上的特殊优势,培育了具有二工大特色的"关工委"工作经验。她在关心下一代工作上的付出,以善行、真爱、奉献的感人故事入选了"上海市教育系统离退休干部发挥正能量——老干部新故事",以徐佩莉事迹为原型的征文,被评为"心中的感动——全国教育系统关心下一代优秀人物"二等奖。

  徐佩莉现在还担任着上海市慈善基金会慈善志愿者总队的副总队长,参与管理200多支慈善义工队、7万多位慈善义工的工作。她无数次地为青少年慈善义工进行培训,无数个节假日带领他们参加公益实践,在扶老、爱幼、助学、济困的志愿服务中,弘扬"奉献、友爱、互助、进步"的志愿精神,秉持"劳动最光荣、劳动最崇高、服务最伟大、服务最美丽"的思想,鼓励慈善义工从身边的小事善事做起,积善成德,把善举看成是生命中最重要的经历,使下一代在服务他人中,感悟慈善阳光,快乐自己。

  "莫道桑榆晚,为霞尚满天",徐佩莉真情付出,用自己的言行永葆共产党员永无止境的奉献精神,带领老教授、公益慈善人尽情绽放着晚年余热的光芒,用爱编织夕阳的美丽画卷,用爱谱写人生的新篇章。

郑楚荣

教授感言：

感恩党和人民教育培养，感恩祖国繁荣富强，让我们有良好的教学、科研环境。愿二工大开拓创新，继往开来，蓬勃发展。

胡正中，1934年9月生于湖北武汉，1957年毕业于北京航空航天大学发动机系。中国宇航学会会员，上海第二工业大学工程机械研究员。长期从事航天飞行器科研，曾获中国国防科学技术委员会颁发的"献身国防科技事业"荣誉证章。被中国火箭技术研究院列入国防部五院首批工程师名录。1963年晋升上尉军衔，1965年转业，任上海航天局20所研究室主任，1981年任上海航天局八〇〇所副所长，1983年任上海航天局总体所所长，1987年任上海第二工业大学科研处处长。

寻梦天空与大地间

2017年9月上旬,天气炎热,上海的高温显然没有丝毫"退烧"的迹象。按照事先在电话中和已退休在家的胡正中老师的约定,我来到坐落于上海市长宁区的虹桥新城采访他。

电梯巧遇

进入幽静的虹桥新城小区,沿着洁净的小径,我连摸索带问询,终于找到了胡正中老师居住的大楼前。我正寻思着如何按门键,忽见一位刚外出归来的阿姨,正准备进楼。我赶紧跟在阿姨后面,随她一起进了楼。此时我发现阿姨不乏警惕地扫了我一眼,转而径直走向一旁的信报箱,去取她家的信件或报纸。此时我发现电梯正停在底层,于是就走了进去。当时电梯里没有其他人,想到阿姨正在取件,我便摁住电梯按钮等她。

很快,取罢邮件的阿姨进了电梯。看到我在等她,阿姨露出了感谢的微笑。

电梯关闭后,我先一步按下了胡正中老师家所在的7楼的按钮,这时正想帮阿姨按,便问她住几楼?

"7楼。"

话刚出口,见我按的也是7楼,阿姨不无疑惑地看着我,问:

"你也去7楼?"

"是。"

"你去哪家?"

"702室。"

"我就是702室的。"

"我找胡正中老师，我在电话中约好了采访他的。"

"噢，我知道，我知道，我是他老伴。"

于是，我和阿姨相视而笑。

有了这样巧遇的机会，我自然不会放过。于是在电梯上行中，奔着采访胡正中老师的我，便先和阿姨聊了起来。到了门口，微笑着迎上来的胡正中老师，看着我和阿姨已在交流，他的目光中显见出掩饰不住的疑惑，但至少那时，我已了解了退休在家十多年的胡正中老师的健康状况如何、平时忙些什么、他们二老目前是不是和子女们一起生活等等。

然而，毫无疑问，我接下来最想知道的，当然是胡正中老师在上海第二工业大学（以下简称"二工大"）的科研和教学工作情况，以及他和他的合作伙伴们一起，在那里度过的无数难忘的日日夜夜……

寻梦启航

时间回溯到十几年前。

穿过时间隧道，在二工大空旷的校园，师生们不时可以看到一位身材瘦削，戴着眼镜，精气神十足的中年人匆匆行走的身影。渐渐地，二工大的师生们就知道了他、认识了他。他就是1987年9月从上海航天局调到二工大科研处，负责学校科研工作的处长胡正中老师，我国的第一代"航天人"。胡正中由航天局调入二工大时，才53岁，正是年富力壮的盛年。职业转型给他带来的感受，明显让他感到学校科研与专职科研部门的不同。胡正中老师深有感触地告诉我，在学校，作为主角的教师，分布在各个教学部门，科研项目也比较分散，所以在这方面首先要有统一计划，然后抓住主要项目，组织好队伍，之后才可着手进行攻关。在科研方向上，根据学校教学的特点，着重的是以应用性为主，走出校门与工业企业相结合的方向和途径。为了让我理解得更明白些，胡正中老师举例说，比如当年学校的节能油水乳化、齿轮等机械加工、设备故障诊断、计算机应用、稀土工艺以及学校组织参加的上海市工业企业重点项目攻关等，都是突出应用

2013年5月19日，上海航天局原20所老同志相聚航天城，后排左三为胡正中

型技能人才培养目标，秉承产教融合、校企合作的办学思路来进行，这些专业及项目都取得了可喜的成绩。

胡正中老师是谦虚的，我们在交谈时，我曾多次提醒他，希望他多讲讲他在二工大所取得的工作成绩或相关故事，而他更多地向我讲述的是在学校科研工作中，二工大老师们的积极性有多高，合作伙伴有多优秀。无论在争取科研项目及具体科研工作中，大家都是上下齐心，不辞辛劳，艰苦奋斗，为学校科研队伍和作风建设，打下了良好基础。在胡老师看来，这都是十分可贵的。胡老师还说，学校的领导常常亲自过问老师们正在从事的科研项目，并及时地提供帮助和支持，有些领导还带头参与国家级、市级重点科研项目……这些无疑都给了师生们巨大的激励。

胡正中身上认真的学术精神，也源于他之前作为一名国家第一代"航天人"的工作经历和人生历练。胡正中五岁时，跟随父母离开家乡逃难到重庆。在战时的重庆读完了小学、中学，读书时他的成绩都是名列前茅。读高一时，在满满的自信心的驱使下，年轻的胡正中无意间看到重庆西南工专发布的招生广告，他便抱着试试的心态去报名应考，在填报专业时，还随意地填了航空和建筑两个专业。结果，他竟同时被这两个专业录取。不过面对两个专业，他只能选择其中一个。这时候，胡正中的父亲替他做了选择：选航空专业！父亲是位知识分子，胡正中对父亲一直是心存敬畏的，所以，父亲的选择就是他努力的方向。这时候的胡正中还远说不上和航天结缘，因为他对航天的概念还所知甚少。他说真正开始称得上做"航天梦"，且有将自己融入航天人集体意识的契机，是在继重庆西南工专毕业以后，又于北京航空学院发动机系毕业的时候。

胡正中一直感到自己很幸运，由于国家院系调整，集中航空专业，成立北京航空学院，所以胡正中继重庆西南工专以后，进入了北京航空学院，并于1957年毕业。就在他毕业前的1956年，中央召开专题会议，决定成立导弹研究院——国防部第五研究院(以下简称"五院")，即当今中国航天的发源地，由聂荣臻元帅率领，几位共和国开国将军，以及从国外回来的著名科学家钱学森等担任院领导。

1957年，胡正中从北京航空学院毕业后，加入了中国人民解放军，随即进入这所新成立的五院第一分院发动机研究室工作。因为当年国家还尚未开设导弹专业，大家对此都非常生疏，所以就由钱学森给大家讲授导弹课，这对后来从事航天工作的胡正中来讲，是很好的基础认知和受激励的过程。

当时的研究工作，因为是刚刚起步，所以条件十分艰苦，大家都在飞机场的大机库中上班。那里冬冷夏热，设施也远说不上有多齐全，但是没有一个人有怨言。大家心里都非常清楚，研制导弹在中国可谓平地起家，那时既缺少图纸资料，也缺少仪器设备。但是本着中央提出的自力更生、艰苦奋斗的精神，大家刻苦钻研，奋力拼搏，夜以继日地忘我工作着。就这样，因为大家的齐心协力，经过无数个日日夜夜，克服了无数的困难，中国第一枚导弹终于研制成功！

胡正中记得来到这里上的第一堂课,就是著名科学家钱学森的课堂。如今这么多年过去,胡正中当时受到无穷激励的那种情怀,令他一直铭记在心,并成为他此后作为一名航天人在奋斗道路上,始终努力前行的一股动力。

胡正中坦诚自己是一个寻梦人。他亲历了国防部第五研究院成立后,在不到一年的时间里,在研究和仿制苏式导弹方面取得的重大进展。1958年10月,他被调入五院一分院第二设计部担任工程组长,这也让他深切意识到自己的神圣职责和肩负着的使命。

胡正中(左一)与潘校长、陈老师在上海钢厂参加科研项目鉴定

之后不久,院内的科研者们凭借他们前瞻性的眼光,适时地向上级提出了建设导弹试验靶场的提议,认为完全可以一边研制导弹,一边建设靶场,两者同步进行,不然在不久的将来就会出现当导弹研制出来时,却没有可供进行的试验场地的尴尬情况。意见最初集中在院长钱学森那里,随即又向中央军委领导做了汇报。军委领导认可了这一提议。胡正中对此可谓印象深刻,他说,那时大家工作起来真是浑身充满干劲,人人争分夺秒!

胡正中对那段史事依然记忆犹新,1957年秋,中央军委研究了五院提出的《关于建设导弹靶场和试验场的规划(草案)》,决定立即着手建设第一个导弹综合性试验靶场。总参谋部在北京召集炮兵、空军、总后勤部、总参谋部作战部和军械部、五院等单位负责人参加的专门会议,研究五院提交的报告,以及建场条件、规模、区域、经费、步骤等具体问题。同时这次会议还作出了成立靶场筹建委员会的决定。

"也许是为了让我对五院所经历的这项工作的重要性有更全面的认知",说到这里,胡正中不由停顿了一下,然后加重语气说:"此前中国还从未研制过导弹,建设导弹综合性试验基地也是第一次,老帅们都非常重视,为靶场建设调兵遣将,由总参谋部批准成立靶场筹备处后,即进入靶场筹备的初期工作。"

之后,靶场筹备处和苏联专家一起,详细研究中国西北地区的资料,进行图上作业。这项工作首先要确定参加西北地区勘查的人选和需要的飞机、车辆以及住宿等具体事宜,同时需要向兰州军区司令员和政委汇报。因为要在兰州军区所管辖的地区活动,许多地方又靠近边境,既需要支持,也要预防发生意外。当时胡正中正在五院一分院三部工作,他参加的是我国第一枚导弹的研制。在这个既让他自豪,又让他紧张的工作环境中,他的业务水平提高得很快,门门均为优良。所以他也成为五院首批被评定的工程师之一。当基地组建后,便在大漠深处与北京建立了有线长途电话指挥通信。后经总部批准,正式将"东风"作为基地的名称。一直到今天,胡正中仍习惯地称基地为"东风",而不是大多数百姓说的"中国酒泉卫星发射中心"。这一工程意义非同寻常,国家将其列为重点专项建设,那时全国26个省、市、自治区,715个厂矿和各军兵种都积极支援,全力协作,为工程建设创造了各种有利条件。中国导弹研制后来取得巨大成就,和全国通力支持极有关系。毕竟工程方案是科学家们和工程技术人员经过反复论证之后制定出来的,导弹和原子弹的建场计划用了多年时间完成。

实 践 梦 想

不久,由于型号研制的需要,胡正中赴东北某生产厂担任总设计师代表,负责处理有关技术问题。时值我国正遭遇经济困难时期的20世纪60年代,他同当地干部、工人一样对付十分艰苦的"一日三餐",他的肠胃不好,那时常常拉肚子。但是这些并没有影响他继续工作的热情。后来鉴于胡正中在1958年至1960年参加我国第一枚导弹仿制任务期间，从事设备及系统的研制工作，在仿制任务中贡献突出，于1961年12月8日被五院授予工程师职称后，又在1962年被任命为五院一分院二部研究室主任；1963年晋升为上尉军衔。这些无疑凝聚着对他工作实绩的充分肯定。

1964年，胡正中又奉命负责某遥测导弹的研制，并带队赴上海，在那里的工厂试制，他兼任厂设计师室主任，负责处理导弹在内生产中出现的设计技术问题。随后，胡正中又在1965年至1966年初，作为主要负责人之一，参加遥测弹飞行试验。为了完成这项光荣而艰巨的任务，他无法顾及妻子即将临盆生产，而是一头扎进了茫茫戈壁滩，在凛冽的寒风中，和同志们一起起早贪黑、奋不顾身地奋战着。所以，他也一直觉得有愧于妻子和孩子。

在戈壁滩的工作热烈而镇定，紧张而有序。胡正中清楚地记得，有一次在发射现场，为准备和排除突然出现的现场故障，他从午后一直工作到次日凌晨，直到故障排除，导弹顺利发射。

1965年可以说是胡正中事业更上层楼的一年。因为在这一年，组织上将他调入了上海航天局20所。他在这一新的岗位上历任研究室主任、研究所副所长、所长。不过于他而言，职务的升迁并不重要，重要的是他意识到作为一名中国航天工作者的使命。为了了解西方国家的先进技术，1980年，胡正中参加出国考察及引进国外导弹谈判，整个过程中，他一直担任弹体部分的主要谈判，并且完成了有质量的考察报告。

在采访胡正中的过程中，我了解到，其实他在从事我国导弹研制期间，就在做着航天梦了。随着科学技术的发展，17世纪时人们便开始把天文知识与循理虚构的故事结合起来，编写太空旅行的科幻小说，这其中最早的就是太空科幻小说家开普勒。开普勒所写的《梦游》讲述了人类飞向月球的情景。另外所有关于太空旅行的科幻作品中，最著名的当数法国作家儒勒·凡尔纳于1865年出版的《从地球到月球》这部小说。他在小说中设计的类似宇宙飞船的炮弹和发射装置都经过严格的数学计算。小说中人物所乘坐炮弹的速度接近第二宇宙速度，达11千米/秒，人坐在空心的炮弹中，

1980年,胡正中在法国考察

里面还装有粮食、水和制氧用的化学药品,能飞行四天。炮弹的发射地点恰好是美国现在的航天发射场——"卡纳维拉尔角"。当然,胡正中在讲述中也一再强调,科幻小说与古代神话的本质区别是,前者是在科学的基础上进行合理的演绎和设想,看似虚幻,其实含有合理的思路,使人从中得到启发和鼓舞。1961年4月12日,苏联航天员尤里·阿列克谢耶维奇·加加林乘东方一号宇宙飞船上天,他也成为世界上航天第一人。这时候,胡老师才透露道,其实早在1956年,国务院在《一九五六年——一九六七年科学技术发展远景规划纲要(修正草案)》中,明确提出要发展喷气和火箭技术。尤里·阿列克谢耶维奇·加加林成功实现环绕地球飞行,更激发了中国发展载人航天事业的激情。而胡正中即自1957年起,参与了我国第一代火箭研制,还参加了飞行器型号仿制、实验和引进的科研工作。在此过程中,他又参与和主管过多种飞行器弹体及其系统的研究、设计、试制和实验,完成有关图纸设计和文件报告。

经过前期一系列的充分准备，1970年4月24日，我国"长征一号"运载火箭把我国第一颗人造地球卫星——"东方红一号"送上了太空……

诚然，卓著功勋源于不懈奋斗，从事这项伟大的工程，必然会遇到许多困难和曲折。胡正中于1987年从上海航天局调到二工大科研处任处长、上海节能技术研究所任所长，尤其是1987年9月以后，开始负责学校科研管理工作和节能技术设备的研究及部分机械设备技术改造，胡正中似乎与一个原先的航天人身份渐行渐远，而是更多地将精力和关注点放在了高等教育、科研和应用型人才的培养上，但他内心对中国航天事业，对航天人的关注，丝毫没有放弃。他向我讲述的又一个高潮，就是在

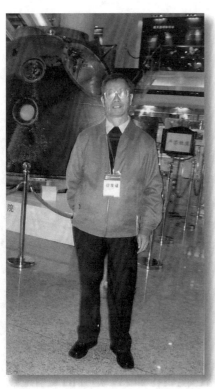

2007年10月，胡正中参观北京航天城

2008年9月25日21时10分，中国第三艘载人飞船——"神舟七号"把翟志刚、刘伯明、景海鹏三名航天员顺利送入太空的前后过程中。胡正中当时讲述时眼中放出的光彩，我至今记忆犹新，当时的我边记录边深深感受到，胡正中骨子里的航天人情结，刻骨铭心的航天人精神，一直在他身上留存着，并且无声地将它们发挥在二工大的高等教育科学研究中。在大学的科研工作和应用型人才的培养中，胡正中延续着航天人的执着攀登、精益求精、不懈奋斗的精神，信奉着科学技术实践出真知、师德为魂的人生信念。胡正中在二工大工作期间主编出版的《导弹结构设计》《导弹结构工艺》等教材，以及所发表的《弹内设备减震研究》《海标枪导弹考察报告》等论文，就是最好的诠释。他也正是在这样的经历和奋斗中，完成了在天空与大地之间的寻梦过程。

参加校学术委员会议，右二为胡正中

胡正中于1999年正式退休。退休以后，除参加学校活动之外，胡正中仍深怀航天情怀，经常参加航天老同志们举办的活动。他说他的一生可以用四个字总结，那就是——无怨无悔。同时，他感恩国家和人民对他的培养，也感恩时代给予他的难能可贵的成长发展机遇。

祁 谷

教授感言：

　　人生的意义在于对事业的追求。当你确认自身价值后，会产生对事业的忠诚、对工作的热爱和激情，从而给你智慧和力量，你将奋不顾身地为之奋斗。

李芳积，1936年11月生，湖南临武人。1961年毕业于中南矿冶学院（现中南工业大学）选矿系、矿冶工程系，1984年加入中国共产党。上海第二工业大学环境工程系教授。从事稀土研究50余年，研究的先进稀土选矿技术和生产工艺流程获得多项国家发明专利，并在多个稀土矿厂实施应用，稳居国内外同类企业领先地位。曾获全国优秀科技工作者荣誉，被授予国家中青年有突出贡献专家，享受国务院政府特殊津贴。

让稀土造福国民的教授

踏进李芳积教授的家，便被客厅书橱里琳琅满目的荣誉证书吸引：国家发明奖一等奖证书、上海科学技术进步奖证书、发明专利证书、包头市劳动模范奖状；还有上海市教育系统工会、妇联颁发"比翼双飞，模范佳侣"奖状……李芳积教授介绍，这排书橱，是家庭优良传统的教育基地，专门为后辈陈列的。希望后辈们继承他们爱国报国的初心，爱岗敬业，尽己所能，为实现伟大的中国梦贡献出自己的一份力量。

自强少年与稀土结缘

提起李芳积的诸多荣誉和发明，都与"镧"有关，人们可能鲜知"镧"，但对"稀土"耳熟能详。稀土广泛应用于军工、电力、农业、通信、医疗器械等，尤其在国防工业方面具有特殊用途。

李芳积出生在湖南省临武县元富村一个世代务农的贫苦家庭。从小就有强烈求知欲的他，在李泽周校长关怀下，进入村里元富头国民小学念初小。家里穷付不起学费，便以每年交200斤谷子抵作学费，他格外珍惜来之不易的读书机会。

12岁那年，李芳积到距离村庄三十多里外的临武县私立力行高小读书。没钱付伙食费，便每周回家带上些米和盐；付不起住宿费，就与其他几个穷孩子住在破庙里。冬天冻得瑟瑟发抖，夏天热得大汗淋漓。他到山上砍柴，晒干后用来熬粥，在半饥饿中刻苦读书。为减轻家里负担，边打工边上学，给人家干磨面的活计，辛苦磨一天面，才挣得二毛钱。再苦再累，他咬紧牙关努力学习，小学毕业时，每门功课考试都获得满分，老师们都对他大为赞赏。

新中国建立后，李芳积进入临武县力仁中学读初中，星期天还坚持打工，在工地上挑砖、砌泥、做木工；下田插秧、割稻，自己担负学费和生活费，并以优良成绩获得奖学金；他不仅学习成绩好，而且组织能力强，是班长、学生会主席和团支部书记。

1956年，李芳积以优异的成绩考入中南矿冶学院（现在的中南大学），他是元富村的第一个大学生，有六百多户人家的村民都为村上出了个大学生而自豪。他就读的是稀有金属冶炼矿冶工程（当时属于保密专业）。那时，为防御帝国主义的核威慑，我们国家要研发原子弹，就要发展冶炼矿冶这部分。冶金部委托清华大学在中南矿冶学院办一个班，遴选品学兼优的学生，成立选矿系，开设核物理学、核化学等专业基础课程。李芳积入选这个班学习了一年半，成为中南矿冶学院师资班一位年轻的教师。李芳积笑着回忆道："现在回想起来还觉得有趣，我这个四年级的学生，竟然带着五年级学生搞毕业设计，我带他们到东北的狮子山铜矿搞设计，指导他们如何写好毕业论文。"

在我国那个大学生凤毛麟角的年代，国家的矿冶人才更是稀缺，学校选派学生参加选矿科技的深造，李芳积又被调入原来的选矿系，毕业后由国家根据需要统一分配。

国家启动研究开发稀土的项目。1961年，李芳积被分配到冶金工业部包头冶金研究所（现包头稀土研究院）。研究所在白云鄂博，"白云鄂博"在蒙古语中是"富饶的圣山"之意，这里蕴藏着全世界最大的稀土矿资源，稀土储量占全国的90%，也是我国第一个稀土矿开发和研究基地。"白云鄂博"成为李芳积心中的"诗和远方"，在这里，他开启了与稀土结缘的事业，铸成了他多年研究稀土的卓著成就。

在20世纪60年代初，我国的稀土分离技术，特别是轻稀土分离技术十分落后，研究院什么设备都没有。作为冶炼工，李芳积虽然工作艰难繁重，但每月定粮56斤，能吃饱饭。在国家三年困难时期，对于他这个从农村来的年轻人，真是莫大的幸运。

李芳积记得，那时，包钢需要铁，高炉里的铁炼成后，就将炉渣砸碎后用来铺路。当时日本大量进口包钢炼铁的炉渣，日本的做法，引起我国科技人员对炉渣分析研究的重视，这一研究，不但发现炉渣里含有铁，还发现了稀土。

李芳积带领几位研究人员腾出一间简陋房间做资料室。慧眼识人的领导，选派李芳积到中科院长沙矿冶研究所进修。在这里，他很荣幸地有两位导师，一位是我国的选矿专家张学成研究员，另一位是浮选药剂专家见百熙研究员。这两位是我国矿冶领域的权威专家，在他俩的悉心指导下，李芳积学习浮选理论研究方法和选矿药剂合成方法。专家的正确指导，为他以后的稀土选矿研究奠定了良好的开端。

中科院长沙矿冶研究所图书馆储藏有大量的国内外技术图书、专业杂志、技术成果档案、文献资料，为李芳积广泛多元地研究稀土提供了有利的参考思路。李芳积几乎每晚都待在图书馆如饥似渴地学习，他系统地查阅了国内外稀土矿、铌钽矿和相关的选矿工艺技术和专利等文献资料。两年的进修，他充实了基础理论，训练了科研思维方法，扩大了知识面，基本掌握了进行科学研究、科学试验、查阅文献资料、选题立项等方法，为以后的科研打下厚实的基础。他将这个阶段称作"结缘稀土的启蒙阶段"，而这些专家是他在这个领域的"启蒙老师"。

"六·五"稀土攻关成果超过世界先进水平

李芳积的前半生主要是在白云鄂博从事稀土研究。这里除了具有丰富的稀土，还有铁、锂、重晶石、萤石等重金属，以及诸多稀有金属和钽铌矿等。当时美国是稀土分离技术最先进的国家，我国稀土分离特别是轻稀土的分离技术很落后，国家开始对稀土分离技术攻关。我国的稀土粒度非常细，一般的方法难以分离，况且稀土矿中还含有稀有金属，要提炼磨碎至面粉那样再分离。一块磨盘般大的矿石，含有一百多种元素，当时我国的稀土分离技术水平只达到20%—30%。国家确定的目标是到20世纪60年代末70年代初达到40%，40%的稀土分离已经是很不错了，而稀土分离能达到60%的就是"精矿"了。我国六所相关的高等院校参加稀土选矿分离工程,国家组织了五次大会战,但到20世纪70年代,还没有显著的成果,之后又特聘苏联、德国、美国、日本的专家到白云鄂博研究稀土选矿技术,亦不尽如人意。

受命于艰难时期的李芳积,于1975年起参与承担稀土选矿重大科研项目,其中包括"白云鄂博稀土、铁矿综合选矿研究"。废寝忘食的他,终于研究成功专门捕捉稀土的"浮选药剂",使稀土分离跃升到60%—70%这样令人振奋的指标,但回收率还未达到期望值,国家将此列为重点科技项目,再次组织会战攻关。他同时又参与国家投资2 500万元列为"六·五"重点科技攻关项目的一项研究,任副总指挥,以攻克稀土为主。

李芳积从稀土浮选方案设计、试验研究到工业试制,数年始终坚守在第一线。在技术攻关的日日夜夜里,吃、住都在现场。有一年冬天,妻子曾兴兰骑自行车到包钢做实验,不慎摔了一跤,造成盆骨骨裂,住院一个多月,他只匆忙地赶去探视过一次;而那年,他接到父亲病危告急的电报,适逢试验正在紧张进行中,他无暇顾及回家,只能坚守岗位默默地祈祷父亲平安。

倾情于科研的李芳积不太善于表达,研究进展情况每年要到冶金部汇报。他怕耽误工作,就提供数据请其他同志去。对于涉及个人利益的涨工资和评级之类的事从不过问。冶金部领导得知项目是由他领衔的,指名让他到北京参加汇报会议。由于他长期在科研攻关现场,研究稀土全面透彻,将稀土分离作为整个工程体系考虑,不但详解稀土元素结构,同样注重设备和动力配置,所以他汇报的内容驾轻就熟,条理清晰,丝丝入扣,与会者对他赞赏有加,冶金部领导也由此认识了他并给予高度评价。令李芳积始料未及的是,这次汇报后,他的工资提升了两级,公司又给他提升了两级,他作为科研人员的价值被充分体现出来。

李芳积带领的"六·五"科技攻关项目,从工业试验到正式投产,核心技术在于发明了处理和回收微细矿物的方法,达到品位均大于60%的优质精铁矿和稀土精品矿。攻关内容为"浮选—选择性絮凝脱泥流程半工业试验"的科技成果，荣获"冶金部科技进步一等奖"。

1985年，我国实施矿选工业化，李芳积参与"浮选—选择性团聚选矿工艺"科技攻关。在做磨粉矿浆流动过程中，能够看到铁是黑的，稀土是黄的；看到铁磁化过程中，下到设备装置中就形成絮凝，絮凝在pH＜4碱度的情况下，铁就下去了，稀土就往上走。这个装置试验成功，铁突破了原来从未达到的指标，稀土品位＞60%，回收率＞80%，是我国稀土分离的崭新高度，超过世界先进水平。"浮选—选择性团聚选矿工艺"这一科技成果，荣获1988年国家发明一等奖。

在李芳积与稀土结缘的科研人生中，妻子曾兴兰是不可或缺的。他与曾兴兰不仅是临武县同乡，还是同一所县中学的校友，高中时又在同班，他是班长、她是学习委员，更令人称道的是他们都以优异的成绩考入同一所大学。

1962年，李芳积与曾兴兰结婚。夫妇俩都被派往中科院长沙矿冶研究院进修，夫妇俩都在搞科研课题。20世纪70年代后期，曾兴兰被调到国家情报部门工作，负责稀土研究方面的情报和稀土选矿良评工作。每年参加国内稀土选矿良评，曾兴兰都是主讲。为准确翻译情报，在大学时读俄语的她，又学习英语、德语、日语。当时李芳积因与德国卡哈德公司研究中心的合作项目到德国做交流，曾兴兰晚上边照看孩子边自学德语；李芳积与德国的合作项目确定后，单位要求曾兴兰掌握德文资料翻译，他们带回的资料就由她翻译。当时包头能翻译德文的只有她一人，还是生物类德文。单位派她脱产去培训班专攻德文资料翻译，四本基础德语、一本科技专用德语，"啃"下来是很艰苦的。他长年在外，她一人带着孩子，每晚从十点到凌晨二点，是她学习德语的时间。德语老师规定上课不准说中文，只能用德语交流，她都急得哭了。老师鼓励她："曾兴兰，只要不累死，就要坚持下去。"她又鼓起勇气接手资料翻译，就这样，她准确地翻译了他们带回的全部德文科技资料。

曾兴兰编著的《国外稀土厂家介绍》《中国稀土工业便览》《中国稀土选矿良评》，是很有价值的稀土专用工具书，为国家发展稀土工业提供信息做好参谋的作用。

开创校企"产、学、研"深度融合

1988年,李芳积步入稀土事业的新阶段。他与妻子作为上海引进人才,来到上海第二工业大学(以下简称"二工大")。其实对于到上海工作,他曾犹豫过,因为国家"七·五"重点科技攻关项目已经在进行中,他肩上的任务很重,但是,是内蒙古组织部钦点的他,二工大领导三顾茅庐,诚邀他加盟。李芳积本人也有个特殊情况促成他到上海,他患有地域性哮喘病,可能是他对内蒙古某种植物过敏,每年到冬季就要发作,哮喘发作时根本无法躺下休息,必须住院治疗。说来奇怪,自打到上海后病情逐渐减轻,几年后再没发作过。

1989年元月,李芳积夫妇带着十六岁的女儿来到上海,学校安排他们居住在福建中路三室一厅的房子里,等到四月份托运的家具才送到,家还没安顿好,就有单位向他求援,帮助解决稀土生产的难题。

我国主要的稀土生产基地,有内蒙古包头白云鄂博、山东济宁微山和四川凉山等。求援的单位是山东济宁微山稀土矿厂,微山于1988年投资890万元新建一家选矿厂,但投产一年却生产不出合格的稀土产品,五百多名职工生活无着落,投资方催着赔款。矿厂领导异常着急,到包头稀土研究所找李芳积寻求援助,听说李芳积已调往上海工作,便马不停蹄地开着车从山东赶到上海向他求援。矿厂领导找到学校领导协商,经过厂、校领导研究商定,形成学校和企业"产、学、研"相结合的支持方案,由企业支付学校技术指导费,作为李芳积建立实验开展科研的费用,并由李芳积带领学校团队到企业现场指导研究和生产。

李芳积和曾兴兰先后到达微山,顾不得旅途劳顿,立马认真仔细地观察作业现场,研究分析原料与设备情况,终于排查出问题症结所在,即整个设计思路,解决设备配置存在的问题。搞设计的专家是从事有色金属设计的,没从事过稀土研究,整个设计思路是根据有色金属设备配置,运行中不能将稀土分离出来。李芳积向学校汇报情况，建议组织一批人员，要有搞工程的、化工的、电力的、设备的，涉及十多人组成攻关团队。他拟定方案，对现有生产流程和加药系统及生产设备配置进行彻底改造，尽管对于如此大规模的"伤筋动骨"，他也有忐忑，但长期从事稀土研究和生产实践的经验积累，他有相当大的成功的把握。负责抓科研的潘校长紧张地说："李教授，你的胆子也太大啦，厂家几百万元的设备你说推倒就推倒啊？万一设备重组后还是不能产出怎么办啊？"久闻李芳积在我国稀土领域颇有声誉的矿长则果断地说："就按李教授的意见办，我们对他有信心。"

按照李芳积的设计方案，两个月后，矿厂的设备重新配置成功，但设备运行一周后还是没出产品，矿长有些沉不住气，焦虑地问："产品怎么还没出来？李教授，眼下这情况到底行不行啊？"李芳积的压力尽管也很大，但他很有底气和定力："少安毋躁，肯定会出产品的。"设备调试运行到两周后果然出产品了，稀土品位达到60%，回收率高达80%，达到稀土精矿标准，超过国际稀土分离的先进水平。

矿厂领导和员工欢呼雀跃，庆贺的鞭炮震耳欲聋，一直关注矿厂的微山县委书记和县长也前来祝贺，学校领导也特地赶来祝贺。向来滴酒不沾的李芳积，也禁不住人们的劝酒和喜悦的心情，喝下一瓶啤酒，未料就醉倒了，朦胧中感觉女儿在急切地呼唤他。原来校领导的微山之行，还将他女儿也带来了。李芳积夫妇匆匆赴山东，家还未来得及安顿，女儿在上海人生地不熟，语言又不通，一个人在陌生的环境中非常紧张害怕。尽管天气很热也不敢开窗，被蚊子叮得满身肿块，连眼睛都肿成了一条缝。有次忘记带钥匙进不了家，只得找学校领导帮助解决。女儿见到父母委屈地哭了，夫妇俩亦是难抑心酸歉疚，但为使稀土造福一方，牺牲小家也是值得的。

微山矿厂生产技术指导的成功，开创了二工大与企业"产、学、研"长期合作的机制。学校在矿厂建立实验室，派驻技术人员长期在矿厂做技术指导，为稀土研究产出提供了宝贵的第一手资料。微山稀土矿是氟碳铈矿，为进一步解决生产中出现的问题，巩固生产现场指标的稳定性，李芳积针对氟碳铈矿的成分、性能进行选矿新工艺、新药剂的研究，合成了代号为L101、L102、L303、L108的新药剂，再用L102+L108药剂合成实验后发现，其浮选稀土的效果更好。于是在微山稀土矿厂建立药剂生产车间，获得品位＞60%、回收率＞80%的稀土精矿产品，超过世界先进水平。

微山矿厂难题的解决，为李芳积兰夫妇的科研工作奠定了良好的基础。学校慷慨地提供大楼两个层面给他们做实验室，并配备科研人员；矿厂每年提供给学校技术支持费用，用于投入实验室建设。L102申请国家发明专利成功，李芳积获得上海首届科技成果博览会银奖、上海市科学进步三等奖，被授予国家中青年有突出贡献专家、享受国务院特殊津贴等殊荣，为实现校企"产、学、研"的深度融合贡献出自己的一份力量。

稀土专家"科技扶贫"的情怀

我国最大的氟碳铈矿基地，是四川凉山彝族自治州稀土矿，与美国的芒廷帕斯稀土矿相类似。1992年受学校委派，李芳积与夫人曾兴兰来到这里工作了两年，建立了两个基地。他们不辞辛苦地用发明的氟碳铈矿选矿药剂，指导矿厂将尾矿含有的稀土全部分离，达到70%—75%的品位，回收率达到90%以上，超过世界最先进的美国芒廷帕斯稀土矿，规模位居全国第一，生产指标、技术指标皆为全国第一，产值达到三亿多元。

那年，时任国家冶金工业部副部长的周传典，刚从美国考察回国就赶到四川考察，发现这里生产的稀土似金子，黄灿灿的非常耀眼，就询问企业董事长，如此品位高的稀土是怎样搞出来的。得知是李芳积的功劳，立即请了他来。周副部长饶有兴趣地请他详尽介绍分离稀土的"重选—磁选—浮选联合工艺流程"，听完给予他很高的评价："这项稀土选矿指标远超美国。"该项目后来获得上海市科技进步二等奖。"一种氟碳铈矿选矿工艺"荣获国家发明专利权，李芳积也获得全国优秀科技工作者荣誉。

稀土研究是李芳积一生孜孜以求的事业，他将自己的研究成果无怨无悔地援助给边远贫困地区的少数民族。四川凉山彝族自治州稀土矿，是李芳积夫妇花费大量的精力，为之付出的最多，取得的成绩最大的区域。

李芳积在稀土矿生产现场指导

  凉山彝族自治州稀土矿地处雅砻江上端,是以彝族同胞为主的山区。李芳积夫妇刚来到这里时,还是一片荒山野岭,在建厂过程中碰到过狼、蛇、熊、飞鼠等野兽。多年过去了,说到当年的情景,曾兴兰还是心有余悸:"这里的老鼠会飞,彝族同胞称之为'飞鼠',有野兔那么大,飞的时候甚至会撞碎玻璃窗。"

  当时他们的工作、生活是这样的:用芦席做成工棚,找两块砖头当枕头睡在乒乓桌上;当时苦得油粮都自带,吃饭也是坐地上的,那次彝族同胞特地给他们做了烤猪,那个香酥的味道至今难忘;画图纸就找块板子摊在上面;没有电就用柴油机发电。

  项目组人员都听不懂彝族话,彝族同胞也听不懂他们的话。有一次,曾兴兰做手势,让一位彝族小伙子关电闸,未料,他竟然要去抱马达,说时迟那时快,她一个箭步冲上去拉下电闸,才避免了一场严重事故。他们一边教彝族同胞学文化,一边培养彝族同胞学技术。工人们一开始操作不熟练，生产流水线又不能停顿，李芳积夫妇亲自操作，在生产岗位上连轴转是经常的事。

犹如李白诗中形容的"蜀道之难，难于上青天"，凉山这里的山体坡度是60度，从凉山德昌县到凉山西昌市，汽车要行驶六个小时，半山腰的底下就是雅砻江，汽车有时竟然是一个车轮悬空的，令人胆战心惊。一次，李芳积到外地开会，稀土矿基地的发电机运转带断裂发不了电，粮食又所剩无几。不得已，曾兴兰带领几个工人下山买粮，不料山洪暴发，她差点就被洪水卷走，两位彝族同胞用力拉住她，才把她救了下来。

艰难困苦阻挡不住李芳积夫妇助力贫困山区少数民族脱贫的决心。在李芳积的组织协调下，组成强有力的攻关团队，他不仅亲自搞稀土分离试验，而且从开矿到建厂、从土建到设备安装、从生产攻关再到开新矿，事必躬亲，尽心尽力。甚至有一次因工伤造成肋骨骨折，他都不安心住院治疗，还未痊愈，就又投入到工作中。如今，84岁高龄的他，爽朗地笑道："现在回想起当年的情景，还是觉得很有意思的。全套系统都是我这'奔六'的人指挥，也不知道怎会有这么大的干劲。"

校长来看望他们时，面对所见所闻，由衷地感慨："你们在这么艰苦的环境中，毫无怨言地搞科研发展生产，一直在为彝族同胞尽快脱贫努力，体现出科研人员高尚的敬业精神和社会责任感、义务感。"

经过两年的艰苦奋斗，1997年9月，富源稀土选矿厂建成为稀土精品矿厂。经济发展了，这里的公路建成了，村落建起来了，学校也建成了，彝族同胞的就业问题得到解决。为建设这片美丽新农村卓有贡献的李芳积夫妇，却从未向矿厂和当地政府提出过经济上的要求，他们笑侃是自带粮食的"科技扶贫"志愿者。

李芳积在稀土研究成果汇报会上

李芳积夫妇在四川"科技扶贫"十多年，以厂为家，乐此不疲。他的"一种高效氟碳铈矿捕级剂""一种氟碳铈矿选矿工艺"发明专利，在我国稀土工业领域得到广泛应用，他还不顾年迈体弱，经常往返于国内多家稀土生产矿厂现场指导。并且，作为中国稀土学会专家组成员，承担了许多科研项目，无怨无悔地付出。

　　2002年，李芳积根据现代城市建设发展的新特点，在学校领导的支持下，与王景伟老师一起筹建二工大环境工程专业。他认为，稀土提取工艺、设备及药剂经过适当的改良，可用到城市固体废料处理和再生能源开发上。这是个新的领域，选矿技术应用于海量的城市固体废弃物处理，必定会产生巨大的成果。他们创建的环境工程专业，如今已发展成为"环境工程与城市建设学院"。尽管在2006年他正式退休，但他却一直在为二工大的环境工程专业建设和优化城市环境而努力着。

张林凤

教授感言:

人没有吃不了的苦,但是有享得完的福。

罗长海,1939年生人,1959年考入复旦大学学习,1967年复旦大学哲学系研究生毕业。1978年调入上海第二工业大学任教,1980年评为讲师,1986年评为副教授,1992年评为教授。曾先后担任上海第二工业大学哲学教研室主任、马列部副主任、工商管理学院副院长、人文学院教授、企业文化与企业形象研究所所长、上海市长宁区第九届人大代表。曾获1984年度上海市职工教育先进工作者称号,2002—2003年度上海高校优秀"两课"教师称号。主要从事哲学、自然辩证法、企业文化、企业形象的研究与教学。出版"企业文化精品丛书""世界强中强企业文化丛书"《企业文化学》(1991年初版、1999年再版——该版荣获2003年上海普通高校优秀教材一等奖、2006年第3版、2013年第4版)《企业形象原理》《微软文化》《企业文化要义》《企业文化个案评析》《生产力观新视野》《精神文化与人》《宝钢生态绿文化》《企业文化探索》等图书。在《中国人民大学学报》《社会科学辑刊》《大自然探索》《学术月刊》《文汇报》等期刊报纸中发表文章近200篇,在《哲学译丛》《自然科学哲学问题》《国外社会科学》《哲学与科学》等译刊中发表译文60余篇。

心系教学，名师风范存讲堂

正所谓，德高为师，身正为范。出生在红色革命圣地——吉安的罗长海教授特别喜欢自己这个人民教师的身份。

从1978年调入上海第二工业大学（以下简称"二工大"）开始，罗长海在这所美丽古朴的校园里度过了三十余年的任教时光。

立于三尺讲台，勤勉教书育人，这个身形不算高大的男人在学生心中的形象却总是高大伟岸。讲台上的他讲起话来，语态平和，条理清晰，字斟句酌，似乎连标点符号也蕴于语调之中，总能给人一种饱学诗书的感觉。对于他所擅长的学识研究，他总能引经据典，总能把看似复杂的哲学问题和企业文化解析得十分透彻，令人信服。

如今时年82岁的罗长海教授，已告别教师生涯十余年。或许是因为渊博知识的滋养，他慈祥的面容中总显露出一种儒雅淡然的神情。一个秋日的午后，他开始温文尔雅地向记者讲述起他的过往岁月。

勤奋好学，开启漫漫求知路

1939年中秋，罗长海出生在江西省吉安市一个只有二十几户名为"村前"的小村落。那时正是中华民族最危难的时刻，日本侵略者在侵占了我国东北、华北地区之后，于1937年占领了上海、南京，于1938年攻陷了武汉。原本在武汉以小生意谋生的父母亲，不得不逃离武汉，回到老家吉安，第二年，他们的第七个孩子——罗长海便出生了。

罗长海的童年十分艰苦，但他有一个尊重知识、爱好学习的父亲和一个勤勉贤惠、吃苦耐劳的母亲。父母在物质贫瘠的年代，言传身教，教会了这个家庭孩子们的自立和自强，培养了孩子们吃苦乐观的性格。时至今日，罗长海依旧感恩童年的清贫生活，那段光阴对他的一生产生了积极影响。罗长海回忆说："我在那个时期，学会了种田、插秧、割禾、挑担这些实际劳动，也磨炼了我的坚强意志，这些让我比城里的学生更能吃苦。以至于之后在生活中、学习中碰到的困难，我都能用一种积极乐观的心态去面对。我一直相信，人没有吃不了的苦，但是有享得完的福。"

1949年7月，吉安解放了。在紧接着进行的农村土地改造运动中，罗长海成为当地儿童团的团长，他出色地完成了"成人开会、儿童放哨"的任务，也切切实实地感受到了贫雇农翻身后的喜悦。

1951年9月，罗长海进入吉安一中学习，他初一到高三的时光都在那里度过的。老师们向他展示了无比广阔的知识天地，这让他始终惊奇万分、兴奋不已。

母亲总是告诉他"天上的星星数不清"，而班主任毛维乐老师却告诉他"肉眼可见的星星可以数得清，而且很多都有对应的名称。"他赠予了罗长海星图，让他夜晚去辨析，这时的罗长海才知道，天空的星星不仅美丽，还守秩序，真是神奇无比。

乡亲们都说"太阳总是东升西落"，但地理老师王兆一却告诉他"太阳既不东升，也不西落，是地球在自西向东旋转。"当他第一次看到数学老师在黑板上进行代数推导、几何论证的时候，几乎惊呆了。如此严密、天衣无缝的推演和论证，简直就是世界上最完美的表达。作为在乡下长大的孩子，当时的罗长海，普通话说得不好，却已经在跟着外语老师刘喜忠学习俄语了，刘老师帮助他打开了了解世界的另一扇窗，这种神奇的语言令他快乐无比。

当罗长海还是涉世尚浅的青少年时，他遇上了一位对他一生颇有影响的中学政治老师——杨春辉。杨老师不是东拼西凑地讲时事，而是和学生们讲述毛主席的著作，并引导学生们直接去读《毛泽东选集》。罗长海对这套丛书爱不释手，一口气读完了第一卷。头两篇《中国社会各阶级的分析》《湖南农民运动考察报告》让他懂得了一个道理，即为何世人千万亿，各执一词难统一，原来物以类聚、人以群分，利益不同，阶级两样。这教育他一生都要努力选择正确的立场。最后两篇《实践论》《矛盾论》给了他终身受用的观点和方法。

中学时期的罗长海仿佛进入广阔无垠的知识海洋，每日都在如饥似渴地学习。他不但早早做完各个学科的作业，还主动预习接下来的课程。能吃苦、爱学习，是求学期间老师对他最深的印象。功夫不负有心人，优异的各科成绩便是对勤奋好学的最好奖勉。

1959年夏天，全国高考来临。对浩渺天穹怀有无限梦想的罗长海一心想报考南京大学天文系，然而该校却没有来吉安市招生，这使罗长海有些失望，他准备报考和天文学比较相近的物理学系，但就在考前几天，一直在生活上十分关心他的党支部书记帅玉湖老师对他说："我们学校报考理工科的学生太多，报考文学的太少，不符合上级对我们学校的要求，罗长海，你就转报文科吧，反正你也很喜欢文科，也学得很好呀！"最终，罗长海听从了这位对他关怀备至的老师的意见。

转报文科什么专业呢？最终，对学习知识的向往和对毛主席的信仰决定了他的选择。罗长海回忆说："我当时读到过一段话：'什么是知识？自从有阶级社会存在以来，世界上的知识只有两门，一门叫做生产斗争知识，一门叫做阶级斗争知识。自然科学和社会科学就是两门知识的结晶，哲学则是关于自然知识和社会知识的概括和总结。'既然如此，学哲学就必须学到更多、更高级的知识。所以我的第一志愿就填报了复旦大学哲学系。"

机遇总是垂青有准备的人，罗长海如愿以偿，二十岁的他以优异的成绩考取了复旦大学哲学系。离开了生养自己的故土，从江西中部的一个小县城，跳到了繁华的大都市上海，罗长海就是用自己的知识力量，开启了一段崭新的未知的征途，改变了自己的人生命运。

复旦大学是全国一流的高等学府之一，不仅有比吉安一中不知要好多少倍的教室、宿舍、食堂、运动场地，还有坐拥海量书籍的图书馆，更有知识渊博、治学严谨、眼界开阔、教学收放自如的教师群体……罗长海一头扎进知识的海洋里，沉迷于学习，度过了他人生中无比美好的青春时光。

完成了五年的本科学习，罗长海教授又选择了继续攻读研究生，他在读研期间,不仅更加深入学习了马克思主义哲学的经典著作,还到农村和工厂结合实际,加以运用和宣传。

在复旦就读的八年时间里,罗长海完成了他扎实的知识储备,这为他将来的任教生涯打下了坚实的基础。

守护讲台,名师风范存课堂

1978年,是中华人民共和国具有深远意义的历史转折点的一年,也是罗长海职业生涯的一个重要节点,他成为了二工大的教师。

罗长海用他特别熟悉的哲学话语说道:"马克思主义认为任何社会都有两个基本矛盾,一个是生产力和生产关系的矛盾,一个是经济基础和上层建筑的矛盾。社会的状况归根到底是由生产力的发展所决定的。但是新中国在1978年之前的时间里,却主要把精力放在了生产关系和上层建筑上。1978年召开的十一届三中全会,决定把工作重心转移到现代化经济建设上来,开启了中国经济的腾飞之路。"

罗昌海不无风趣地说:"邓小平同志还明确指出科学技术是第一生产力。这样,在科学技术领域摸爬滚打的知识分子,包括我们这些做老师的,一下子就从被描述为'肩不能挑、手不能提'的累赘,变成了备受尊敬的'香饽饽'。邓小平同志鼓励知识分子大胆放手发挥作用,表示他愿意做后勤保障。"

在罗长海刚到二工大的时候,校级领导基本上都是新中国成立前入党的老党员,党性很强,待人诚恳,尊重知识,尊重人才,领导们令罗长海确切地感受到了他们确实是在全心全意为一线教师服务。令罗长海终生难忘的是当时党委宣传部的刘毅部长,每当罗长海写好论文,应邀去外地参加研讨会时,总能得到刘毅部长的批准;二工大的图书馆里没有自己曾在复旦大学长期阅读的俄文和英文哲学期刊,刘毅部长得知后,便要他开出期刊目录,让图书馆申请经费,用于订阅四种刊物(俄文、英文各两种)。直到后来,罗长海发现这些外文期刊只有他自己一个人在阅读,内心的感

1985年,罗长海在二工大科学报告会上发言

激之情化成了教学和科研的巨大动力,他把期刊上的某些篇章翻译出来,在全国性的译刊上发表,并把其中的内容消化后,汇集在自己的课堂之中。

罗长海来到二工大的时候,上海还有很多高职院校,几乎每个区都有一所。在这些高职院校任教政治课程的老师大多社会阅历丰富,恪尽职守,但拥有的自然科学知识较少。为了能够把哲学课讲得更好,二工大领导决定开设自然辩证法师资培训班,有二十几位老师报名参加,由罗长海讲授。

在以后长达三十年的时间里,罗长海常年处在"两课"教学的第一线,向大专、本科层次的学生讲授"马克思主义哲学"和"邓小平理论"课程,也向二工大和浙江大学合办的研究生班讲授"自然辩证法"课程。

罗长海讲的一口标准的普通话,擅长以独特的科学化、通俗化的语言讲授课程,阐明抽象的哲学概念。他循循善诱、娓娓道来,既准确、生动,又简练、到位。课间、课后与学生接触的一切场合,罗长海教授都能够主动与学生聊天，了解学生对社会的看法，了解他们的生活状况和思想动态，也时常会收集讲课反馈。为此，他成为学生非常喜爱的老师。罗长海家里有一座特殊的钟表，那是一位学生参加全校"我心中好老师"征文活动，文章入选获奖，由于该学生写的就是罗长海老师，所以活动组织者也把这座具有纪念意义的钟表颁发给了他。

罗长海在授课中，很注重师生之间的交流，善于创造活跃的气氛，让课堂教学生动而深刻。在常人看来，哲学是深奥而令人迷茫的。教师的任务，就是热情引导，使大学生们从陌生到好奇，再到理解、认同，乃至共鸣升华，这是一门教学艺术，也是人生艺术。在教学方法上，罗长海坚持用变化的观点来看待，一方面他努力学习和掌握现代化的教学工具，在有多媒体的教室就一定用多媒体，不断努力提高自己制作课件的水平，争取达到更好的课堂效果。一方面又积极调动学生的学习兴趣，开展课堂讨论，启发思维，不搞死记硬背。他热情支持学生开展辩论赛，不只是辅导学生提高辩论技巧，更是鼓励学生通过辩论来树立勇于探求真理的人生态度。

罗长海反复强调："授课最主要的是要学会激发学生的学习兴趣，要引导学生更加主动地思考，拓展创造性思维，让学生主动地汲取知识，而不是被动地等待'填鸭'，这样才会使学习成为他们的乐趣，才能够真正地让他们走得更远！"这也是他成为学生最喜爱的老师的原因之一。

厚积薄发，勤勉诚恳，方可载誉而归。1980年，也是罗长海来到二工大的两年后，他被评为讲师，1986年被评为副教授，1992年被评为教授。职称的变化，也是一种独属于教师的工作成果的记录和肯定，是他多年教学生涯的一个个台阶和节点。

除了三尺讲台，罗长海还先后担任过哲学教研室主任、马列部副主任、工商管理学院副院长、企业文化与企业形象研究所所长。

"我心中好老师"征文活动留念

还曾被选为上海市长宁区第九届人大代表，获得1984年度"上海市职工教育先进工作者"称号、2002—2003年度上海高校优秀"两课"教师称号。

五维空间，全力建设教学空间

兢兢业业地工作，踏踏实实地做人。罗长海坚信马列主义、毛泽东思想、邓小平理论和"三个代表"重要思想，重视教书育人，所以能够理论联系实际进行讲课，能够在重大社会问题和学生提出的思想问题之间进行理论分析。

罗长海提出并努力进行自己教学空间的建设。他说这个空间不是"三维"，而是"五维"，应该从五个方面努力，才能把自己的教学空间建设好。

在他看来，第一维，是"主体维"。教学空间的主体是教师，首先要把教师自己建设好。他的体会是，一要提高自己的"热爱度"，要热爱自己的职业，热爱自己的岗位，热爱自己所教的学科。二要提高自己的研究度，不能仅仅满足于教材，要对教材中提到但却没有讲清讲透的问题，研究清楚，研究透彻。他说没有这种热爱，没有这种钻研，就不可能把一门课讲得很好，绝对不可能"以其昏昏，使人昭昭"。

第二维，是"领土维"。他认为教师应该把课堂视为阵地，视为"领土"，决不放弃阵地，决不容许"领土"被反马克思主义所侵犯。

第三维，是"思考维"。他认为没有思考，便没有智力，也没有人生。他的体会是，一堂师生共同思考的课，就是一堂成功的课，容易取得师生双方都能满意的效果。

第四维，是"知识维"。他认为知识是教学的基础和主要内容。特别是马克思主义哲学，是当代自然知识、社会知识和思维知识最新成果的概括和总结，不仅涉及的知识面非常广博，而且涉及的内容也很精深。他认为作为一名哲学教师，如果只知道重复写在教科书上的普遍结论，而对得出这个结论的知识基础却一窍不通，那肯定不会有好的教学效果。所以他在教学过程中，总是坚持认真备课，自己给自己定下"备课没有尽头、准备

1999年5月，罗长海在上海电力学院讲课结束后与院领导（右）和李家珉教授（左）合影

再准备、信息量要大、知识面要宽、说服力要强"的目标。

第五维，是"表达维"。表达涉及语言、逻辑、修辞和热情。罗长海认为，含混不清的语言，颠三倒四的逻辑，固然讲不好课，但即使语言流畅，逻辑清晰，有时也未必就能讲好课，还得有修辞和热情。他努力寻找一些比喻与类比，来向学生解释清楚一些抽象难懂的哲学概念。

罗长海牢记教育者先要主动接受教育。他主动地向社会学习，利用假期搞些社会调查，积极参与省市思想政治工作部门发起的征文活动和集会研讨活动等，并从中吸取营养。

教学科研，双轮驱动稳步前进

罗长海在二工大任教近三十年的时间里，教学任务向来繁重。他每周讲课都在15节左右，每周10节课以下的学期很少。他不仅讲授"哲

罗长海在台北科技大学召开的海峡两岸高职教育学术研讨会上发言

学""自然辩证法""邓小平理论",还要讲授"企业文化学"和"市场营销学"。虽然每周的课时较多,开的新课也不少,但他仍然能在完成教学任务的同时坚持进行科研。

实践告诉他,离开了科研的纯粹教学,是一种索然无味的教学,不仅老师教得没劲,学生学得也没趣。在这样的课堂上,只会有疲劳和烦躁。正是在这种体验的促使下,他才一直锲而不舍地开展科研工作。

很多人说大学老师不坐班,还有寒暑假,人生好似闲庭信步。但罗长海任教的三十年里,从来没有下班这一说,无论是平日还是寒暑假,他的时间总是被安排得很紧凑。备课、讲课、调研、看书、写作……几乎每天都是从黎明忙到深夜。他认为,科研和教学是同一辆车上的左右轮,缺一不可。因此,搞教学要有科研意识,搞科研要有教学观念,保持科研和教学这两个轮子的平衡,才能平稳、快速、向上地运行在大学教师的岗位上。

"科学并不神秘。在教学中,对那些理解得不深不透的问题,对那些可能成为知识、观念、学科新的生长点的问题做进一步的探索和思考，有资料就收集集中起来，有心得体会就及时用文字记录下来，这也就是在搞科研。如果再进一步整理提高，写成论文，拿到各种研讨会上去讲，投到刊物上去发表，也就是有科研成果了。"罗长海如是说。

罗长海深知大学的课堂并不欢迎千篇一律的照本宣科。真正的大学生是好学上进，喜欢思考，勤问肯钻，永不满足的。作为一名教师，应该把学生这种需求看作是自己必须开展科研的压力，也要看成是自己能够取得科研成果的动力。因为大学课堂就是一个运用、检验和完善科研成果的大舞台。

政治理论教学必须贯彻理论联系实际的原则。但理论联系实际绝不能搞成只是有感而发，不能搞成只是联系自己零零碎碎的经验，而是要尽可能系统地了解和研究客观实际情况。作为教师，虽然不可对国内外现状的各个方面都有系统的掌握，但是，通过科研立项，对某个专题做深入的调查研究，从而达到相对完整的掌握，是完全可能而且十分必要的。

罗长海认为："贯彻理论联系实际的原则，科研是一条十分重要的渠道。有了科研任务，无论是上级主管部门立项的科研任务，还是每一位教师自己认定的科研任务，教师的目光就不会局限于'教材+日常见闻'，必然会围绕科研主题去查阅各种书面资料，必然会走出校门做实地调查，必然会想办法利用最现代的工具上网查询，从而达到系统了解客观实际的目的。这样，理论联系实际才会有坚实的基础。从一定的意义上说，放弃了科研，就等于放弃了理论联系实际的原则。"

天道酬勤，有了夜以继日的思考和笔耕，才会有罗长海大量的文章和著作的出版。

年已半百再出发，探索创建新学科

时间不可逆地向前流逝，罗长海来到二工大任教十一年后的1989年，正值他50岁，这一年，是他科研主攻方向的转折点。

此前，他科研的主攻方向是自然辩证法，是生产力和生产关系。1988

年，罗长海还和他的夫人陈爱容教授合著了《生产力观新视野》一书，该书于1993年3月由华东师范大学出版社正式出版。同年，他的论文《试论中国古代的科学实验思想》也完成定稿，该文章于1990年第4期在《大自然探索》上正式发表，这一书一文的定稿，是罗长海在这个主攻方向上创造的成果结晶。

1988年7月，中国自然辩证法研究会组织策划，在厦门大学召开了"中西科学思想研讨会议"，紧接着又在赣南师范学院召开了"时空理论研讨会议"。罗长海带着他撰写的论文，参加了这两次学术会议。

在从厦门前往赣州的途中，时任中国自然辩证法研究会秘书长邱亮辉谈道："于光远会长倡导企业文化，要求筹划一次全国性企业文化研讨会。这是因为邓小平中国特色社会主义理论指出的使中国富起来的路是改革、开放之路，是建立社会主义市场经济之路，是要使企业成为参与国内外市场竞争主体之路，这就必须研究企业文化。"

但是筹划一个全国性学术研讨会有许多具体的事情要做。中国自然辩证法研究会作为发起和主办单位，除了要确定会议主旨和把握学术大方向，还要寻找两个方向的协办单位和承办人：第一方向是会务后勤工作，即提供会场、住宿等；第二方向是研讨内容，即出题、征稿等。罗长海以他特有的学术敏感，直觉地认识到这是中国改革开放伟大事业的呼唤，将会对企业文化的需求产生深远的影响。他还非常现实地考虑到他所在的二工大有一个"文化管理"专业，这个专业非常需要开设新课，于是他就把筹划会议的第二方向任务承揽了下来。

1988年的暑假，对罗长海来说是一个非常忙碌而充实的暑假。他努力搜索和企业文化有关的书籍、报刊、论文、报道等，仔细阅读，认真思考，梳理出几百个需要研讨的问题，然后以筹办全国第一届企业文化研讨会的名义，向全国许多学校、企业发出征文启事。同时自己也要撰写会议论文。那个年代，电话、电脑等还未普及，罗长海找资料就要跑去市级图书馆、各个大学图书馆或书店；与各个单位联系仅靠写信；写东西则需要"爬格子"。然而，责任心、事业心激励着罗长海，令他乐此不疲。

罗长海参加全国企业文化学术研讨会

这是时代的呼唤,得到了方方面面的响应。二工大的领导很支持这项工作,副校长潘震苍承诺将亲自去参加会议,罗长海的同事们也非常积极,许多老师都准备参会,并撰写了论文。上海和外地的学校和企业也有许多人积极写稿,准备来参会。

1989年,由于当时的一些特殊原因,第一届全国企业文化学术研讨会被推迟了五个月召开。改革开放的潮流不可阻挡,1989年11月8日,会议如期在湖北省襄樊市(现为襄阳市)中国第二汽车制造厂所在地——风神大厦召开。这次的会议,潘震苍副校长全程参加了研讨,并且在闭幕会总结会议上发表了闭幕词,受到了全体参会人员的一致好评。

遗憾的是,原本要亲自来主持这次研讨会的于光远会长却由于会议的延后,以及身为中央顾问委员必须参加11月6日至9日在北京召开的中共第十三届中央委员会第五次全体会议而不得不缺席。这位著名的经济学家、思想家虽然没能来参加研讨会,却写了题为《希望"企业文化五层次说"能够被更多的人接受》的文章，作为书面发言在会上发表。

这次会议，对于罗长海来言意义重大，随着这次会议的筹备到召开，罗长海的科研主攻方向，实际上已经从自然辩证法转移到了企业文化。他认为这不是他实现的有计划的转移，而是顺应我国改革开放潮流的必然选择。正所谓世界潮流，浩浩荡荡，汇入瀚海，生生不息。

以国际的视野看，中国的企业文化研究，起步比较晚，但中国企业又处在大发展的年代，怎样弯道超车是一个必须解决的问题。罗长海用饱含马克思主义哲学认识论的语言说道："企业文化，按照它被自觉到、被认识到、被研究到的程度，有四种形态。第一种是自发形态，那是企业中自生自灭、或优或劣、没有进入管理者视野、没有得到重视的文化。第二种是操作形态，那是已经进入企业管理者视野，并且在经营管理中加以控制和利用的文化。第三种是经验形态，这是一个公司进行文化建设和文化积累的经验总结，再进行抽象、概括，而形成的具有普遍意义的理论。如美国学者写的《企业文化——现代企业的精神支柱》。第四种是学科形态，就是对各种企业文化理论进一步系统化、条理化，把企业文化作为一门学科来建设，明确它在现代整个科学技术中的地位，这方面的工作外国学者还没有做过。"

既然在当时，外国学者还没有将企业文化系统实体化，那么我们中国学者便可以弯道超车，把企业文化作为一门学科来建设，大学相关专业的教师有义务把这个责任承担起来。所以，在1991年6月，罗长海出版了《企业文化学》。

企业文化与改革开放共命运。随着"建立社会主义市场经济"这一改革目标的明确，许多公司努力建设经得起市场竞争考验的企业文化，并取得了促进生产力发展、提高经济效益的实绩，这就即为罗长海的企业文化研究取得进展提供了坚实基础，也激发了其对于企业文化研究成果更广阔、更高层的需求。1999年，中国人民大学出版社接到许多求购《企业文化学》一书的电话，罗长海得知后，根据企业文化的新发展，立即对全书进行了修改和补充，于1999年5月出版了《企业文化学（修订版）》。目标高远，才会长期努力。罗长海研究企业文化的目标不只是出书和刊登论文，更是要建立一门新的学科。所以，在《企业文化学》第一版出版后，他丝毫没有松懈，继续钻研思考，不断积累，很快第二版就在原有的基础上扩充了十几万字的内容。

如果说第一版的出版，罗长海感到的是风平浪静，那么第二版的出版就是潮流滚滚而来。他的讲堂不再只是在二工大了，华东师范大学举办的几十期MBA班几乎每期都会请他去讲授企业文化课程；华豫文化传播公司举办的十多期河南党政干部轮训班也几乎每期都请他去讲课；苏州、南充、南昌、广州、西安都留下了他的足迹；他编著的《企业文化学（修订版）》多次重印，并获得了2003年上海普通高校优秀教材一等奖……然而，罗长海将这一切都看成是社会对他的鼓励，是"教学相长"，向实际学习，进一步完善更新企业文化学这门学科的机会。

罗长海边教边学，勤奋思考，深入研究，再次对第二版修改完善，2006年5月第三版问世。第三版相对于第二版来说，主要是对企业文化的核心——企业价值和形象，做了独创性的深入探讨和论述。第三版篇幅扩充到87.9万字，重印1次。

2013年9月，罗长海又出版了《企业文化学（第四版）》，作为"21世纪通才教育系列教材"之一，以满足全国普遍高等院校进行通才教育的需要。

时间的考验，师生的选择，市场的验证，证明了罗长海的这些著作的长久生命力。《企业文化学》完成了吗？罗长海教授说："作为一门学科，它永远在路上。"

退休十余载，白头虽老赤心在

2007年9月1日，时年68岁的罗长海正式退休，告别了他一生无比热爱的三尺讲堂。白头虽老赤心在，退休后的罗长海依然思索着如何发挥自己的余热。白驹过隙，亦已十余载。罗长海感叹说，十余年时间并不算短，但做成的事却不多，"总的来说，我这十余年时间里，所做的事情总的趋势是前面多、后面少。"

面对记者的采访,罗长海极富条理地梳理了自己退休后的生活。"首先,还是自己的老本行,给大家讲课。曾经在东方讲坛讲'创建学习型组织的几个关键'(奉贤)课程。还应教育单位、培训机构、企业事业单位、社会组织等的邀请,担任评审工作。"其间,罗长海给河南乡镇干部培训班、开封地区干部培训班、驻马店地区干部培训班、河南党政干部轮训班等讲授企业文化建设课程,给松江供销社、金山供销社讲解阳光利润至上的企业价值体系课程,虹桥镇文化中心、中南集团公司MBA班、山西太原昆山烟草公司、中国石油大学克拉玛依市MBA培训班都有过他讲课的身影。

"其次,就是帮企业做一些企业文化的设计。"作为一名专业的企业文化研究人员,罗长海经中国企业文化研究会介绍,于2008年8月6日至18日,在山西太原昆山烟草公司进行企业文化设计。

"第三,应邀参加全国性论坛并作主题演讲。"罗长海介绍道,2008年11月7日,应甘肃省委宣传部之邀,在"甘肃企业发展高峰论坛"上,作题为"反思先进企业价值体系,增强可持续发展软实力"的专题发言。在2009年11月3日至5日,应住房和城乡建设部之邀,在湖北宜昌的"学习实践科学发展观·创新企业文化建设"研讨班上,作题为"建设卓越品牌·造福人类"的专题发言。

"第四,就是继续修改以前出版的专著。"经过罗长海的长期修改,2013年9月,中国人民大学出版社出版了《企业文化学(第四版)》,同时此书还被列入"21世纪通才教育系列教材"。罗长海还为《人力资源》撰写文章,相继发表的有《优质企业文化与应对经济危机》《老沃森"五指攒成拳"的管理艺术》《取财与创财之道》《老沃森与幼年IBM的"科技神"文化》《对高铁安全文化的反思》等文章。

心系教学,真善美健勤追求

如今82岁的罗长海面对记者的采访,依旧谈到了自己一贯坚持的教学观念:"随着教育改革,当代大学生的生存环境更加复杂,教育一定要带动学生的积极性。现在很多的家长和老师对学生管得太多,压抑住了学生的天性,这样不好。"

罗长海心系教学,从他的角度给出了对当代大学生的建议,他认为:"大学生首要的就是要搞好学习,激发自己的学习兴趣。学习都是有一定的规律所循的,找到合适的学习方法,再结合自己的兴趣爱好,再加上坚定的学习毅力就一定能够提升自己的理论和知识水平。现在的社会变化很快,也要求大学生拥有更多的创新能力和适应能力。大学生要在学习过程中抓住机会拓展自己的眼界,锻炼自己的思维,在尽可能的情况下,多多了解社会和行业发展的现状及趋势,为之后的职业发展以及创业做好准备。"

谈及以后的生活,罗长海始终觉得自己的人生道路还很长很长,还觉得自己是一个年幼无知的小青年,还需要学习、学习、再学习。面对时光荏苒和纷繁人事,他坦然自若,"我决定逐步把日渐衰减的精力,从自己

罗长海(后排左一)和中学同学参观南宋诗人杨万里故居

原本熟悉而要求旺盛精力的领域，转向虽然陌生但精力尚可应对的领域。"罗长海如是说。

　　对于一个求知欲旺盛的老年教授而言，探索仍然在进行中。最近，罗长海和他的中学同学游览了南宋诗人杨万里的故居，拍了一张集体照留作纪念。他为这张照片题了四句短诗，诗言志，也许，用此图此诗来结束这篇采访录，是比较合适的：

　　　　　杨公活到七十九，
　　　　　琢磨写诗两万首。
　　　　　笑看历史谁无死，
　　　　　探索精神永存留。

　　　　　　　　　　　　　　　　　　詹　静

教授感言：

只要认准的事情，就要坚持不懈地做下去。

黄中鼎，1969年毕业于江西省委党校，1982年至1983年分别在中共中央党校和中国人民大学进修经济管理专业。先后担任上海东沪职业技术学院经济管理系主任、上海第二工业大学经济管理学院副院长，兼现代物流研究所所长等职。2012年领衔的"物流运输管理"课程建设被评为上海市级精品课程。2014年领衔的"物流地理信息系统实训软件高职课程开发"科研项目，获上海市教学成果二等奖。退休后应聘于上海邦德职业技术学院，现任该院经济管理学院院长。

咬定青山不放松

黄中鼎向我递来一叠名片，除了上海第二工业大学（以下简称"二工大"）教授的名片之外，还有现代物流研究所所长、上海物流研究院特聘顾问、中国物流学会理事的名片……

他又向我抱来一摞自己主编的书籍，有《现代物流管理》《国际物流与货运代理》《物流运输管理》《企业物流管理》《仓储管理与实务》等。

由此可见，眼前的黄中鼎分明是位物流学专家。

令我不解的是，物流，是近二十年才风行于中国大地的新生事物，它是怎么同这位年已古稀的老教授结缘的呢？

黄中鼎自我调侃地说："我是大器晚成啊，要不是当年二工大李进书记推了我一把，我是不可能一头扎进现代物流学科的。"

攻占新学科

黄中鼎是江苏海门人，13岁时随父亲迁居江西南昌。他在江西上了中学、大学，来上海前他是江西省行政学院副教授兼经济管理系主任。

20世纪90年代，上海向外地招聘教师，恰逢黄中鼎的儿子想到上海参加高考，妻子是插队江西的上海知青，一家人极力鼓励黄中鼎回上海应聘。

1995年，黄中鼎带着家人来到了上海，在上海冶金工业学校任政治教师，不久，上海冶金工业学校与上海东沪职业技术学院合并。

2000年，黄中鼎被任命为上海东沪职业技术学院经济管理系主任，经济系有物流专业，当时属于崭新专业，刚从国外引进。

今天的我们几乎天天与网购、快递小哥打交道，在百度上只要一输入

"物流"二字，就会铺天盖地出现几十个版面的信息，退回二十年前，真的没多少人知道"物流"是什么。

当时，作为系主任的黄中鼎对该专业的内容也不是十分知晓。洋山港建设需要召开专家论证会，邀请高校代表参加。当时的院长李进（后任二工大党委书记）对黄中鼎说："你去参加！"

"我行吗？"

"从不行到行。"

洋山港论证会上，专家们议得热火朝天，什么"国际货运""物流运输""仓储保管""成本计算"……一个个新名词包含的内容纷杂深邃，就像一颗颗炸弹般袭来，炸得黄中鼎头疼，他坐在角落一声不吭。

回家的路上黄中鼎问自己："难道物流真有那么难吗？"他忆起了当年在中央党校听钱学森教授说过的一段话："不要以为数学有多么深奥，复杂问题简单处理，数学其实就是扳手指头啊！"黄中鼎想，物流属于管理学范畴，我在行的是工业管理，那物流管理也一定有规律可循。

"从不行到行"，院长李进的一句话，就此把黄中鼎推进了物流专业的大门内。

黄中鼎迈开双腿跑企业、访专家，凡是与物流有关的仓储、交通运输、集装箱运营、外贸单位他都用心询问、调查研究。对一些物流专业开得早的高校，如北京大学、北京交通大学、北京外贸学院、北京物资学院等，黄中鼎都一一登门拜访，虚心请教。

黄中鼎搜集一切与物流有关的资料，自学当时能够找得到的物流及物流管理的书籍。他明白了，其实古代就存在着物流这个行业，并且有相当的规模，所谓"一驿过一驿，驿骑如星流""日行五百里，走及奔马"指的就是古代"快递"，黄中鼎较早提出了自己对物流的完整认识：现代物流是将信息、运输、仓储、库存、装卸搬运以及包装等综合起来的一种新型的集成式管理。它的最大特点是规模大，而且建立在互联网信息化基础之上，目的是尽可能降低物流的总成本，为各类客户提供最好的服务。

迈向学科建设高地

2001年，上海东沪职业技术学院与二工大合并，这在黄中鼎的人生中是一个重要的转折点，他后来一直感恩地提及："是二工大给了我如虎添翼的腾飞平台。"

2004年11月，黄中鼎接到北京的电话，通知他参加由教育部组织的研讨会，商讨起草高职高专物流管理教学指导方案。黄中鼎匆匆赶到北京郊区的会议现场，研讨会已开了一半，他找了个角落坐下，发现武汉商贸职业技术学院、天津职业技术学院、广西交通学院、广东交通学院都有代表参加，眼下争论的是"物流的总概念"，就好比瞎子摸象，人们从各校的办学特色出发，强调局部的重要性，对现代物流已有一定研究的黄中鼎觉得有失偏颇，但他没有声张。

不料主持人指着在一旁皱着眉头思索的黄中鼎说："请上海第二工业大学代表来讲讲。"黄中鼎站了起来，他环顾四周，用平静的语调娓娓道来："物流领域是现代企业竞争最重要的领域之一。但其实现代物流是个大概念，若用模块表示的话，起码应该包括商流、物流、资金流、信息流等……"像平时在课堂上讲课一样，他胸有成竹。全场安静下来了，争论的问题很快得到了统一答案。

会议结束时，主持人对黄中鼎说："下一次的研讨会就放在你们上海第二工业大学召开！"从2005年起，教育部关于现代物流专业的研讨会，连续几年都在二工大召开。同时，辽宁省教育厅接连两年委托二工大对全省的物流教师进行业务培训。联合国教科文组织的两期全国物流师资培训班，也由二工大承办。

有准备者握住机遇，黄中鼎怎么也想不到，参加一次教育部的会议会带来一系列的后续成效。二工大物流专业就这样成为全国同类高校的引领者之一。

复旦大学出版社主动找到了黄中鼎："想同您合作编写一套'现代物流

黄中鼎组织物流专业培训

管理系列'教材,请您当主编。"黄中鼎有过在中央党校进修时和老师同学一起编撰《社会主义经济改革概论》的经验,因此写书编书对黄中鼎来说不是什么难题。很快,一套十本的"现代物流管理系列"丛书陆续出版了。黄中鼎主编了其中的《现代物流管理》一书。后来《现代物流管理》获中国物流学会"物华图书"一等奖,被评为十一五和十二五国家级规划教材,至今已第三版印刷,总印数达35万册。

2004年至2005年两年间,二工大引进了五位相关专业的博士生,黄中鼎张开双臂欢迎他们,他反对彼此称呼为"师傅"和"徒弟",觉得新老教师的关系应该是互相学习、互相匹配的。他深知这些年轻的博士生具有外语和计算机方面的专业优势,所以要发挥他们的特长,他带着他们外出考察,带着他们参加教育部的研讨会。年轻的博士生们由衷地感慨:"跟着黄老师干,我们有劲。"2005年,二工大的物流专业被评为上海市教育高地,同年黄中鼎被评为正教授。

黄中鼎在德国汉堡考察物流

2007年，黄中鼎担任第二期德国政府资助中国物流与采购管理人员赴欧洲考察团团长，去德国最大的港口、欧洲第二大集装箱港口——汉堡港考察物流。摆满集装箱的汉堡港整齐有序，吸扬机、输送带在不停地运作，运输车辆在来回地穿梭。码头旁停满了各种巨型船只，忙碌地装卸货物。德国接待方特地为他们租了一条船，在港口沿线游弋。望着岸上耸立的一座座直穿云霄的岸吊、桥吊、抓斗吊、汽车吊、浮吊，以及起起落落的集装箱，黄中鼎的脑海中只有两个字——震撼。

边看汉堡港，边听接待方介绍，汉堡港不仅装卸机械化程度高，而且有铁路直达码头，车厢与船舶间可直接装卸，甚至还有不少国际航运公司直通汉堡港。此外汉堡港还建立了欧洲第一流的港口情报系统，不仅与德国铁路、航空全面联网，还与海关联网，可以直接运用计算机输入报关。

"这就是现代物流，这就是中国物流学习和追赶的标杆啊！"汉堡港之行让黄中鼎大开眼界，他后来不仅在课堂教学上举例，到企业做咨询都有了鲜活的实例。这以后，黄中鼎的研究有了更明确的方向和目标。令人高兴的是，后来洋山深水港建设在许多方面也学习借鉴了汉堡港的经验。

黄中鼎还去马格德堡大学配送中心实训室考察，看他们的物流实训室设施，看他们一比一的师生教学。回到上海后，黄中鼎就着手改造二工大的物流实训室，用计算机模拟软件和电子沙盘，将实训室建成让人眼前一亮的"全球物流地理信息系统"。

2012年，黄中鼎领衔的"物流运输管理"课程建设，评为上海市级精品课程。

2014年，黄中鼎主持的"物流地理信息系统教学软件高职课程开发"科研项目，获上海市教委教学成果二等奖。

人生的重要抉择

上海是黄中鼎事业起航的重要平台，但他人生的修炼和知识积累从年轻时就开始了。

小学时他是少先队大队长，中学时进了当地的重点中学——南昌三中。让黄中鼎做人生最初选择的，是在1965年他高中毕业填写高考志愿时。

文科优秀的他心仪的是厦门大学中文系，班主任找他谈话："你去报考江西省委党校吧，也是本科制高校，虽然成立时间不长，但省委书记方志纯说了，要办成东方的莫斯科大学，培养一批我们党政机关的笔杆子。"年轻人一切听从党召唤，还只是团员并向往入党的黄中鼎，不需要什么考虑就同意了，周围的同学纷纷向他投来艳羡的目光，回到家与父亲一说，身为党员干部的父亲立即连声叫好。

经过高考和学校推荐，黄中鼎顺利进入江西省委党校，成为该校"文革"前的最后一届大学生。

毕业后黄中鼎分配到江西省湖口县基层公社任团干部，后到县委党校任政治教员。1982年4月，他在省委党校同学胡圣礼的推荐下，被调入筹建中的江西行政学院。

江西行政学院是一所刚刚诞生的、旨在培养在职干部的学校，它的应运而生与时代紧密相连。20世纪80年代，正是中国改革开放时代的初期，万物复苏，街上的"红裙子"、夜校的灯火通明、人们的求知渴望像沸腾的岩浆一样喷涌而出。结束了"阶级斗争为纲"，国民经济建设摆到了重要的议事日程上来，一大批企事业干部急需补充经济管理知识。

校领导把年轻教师们一个个叫到办公室去。黄中鼎走进去，发现办公桌上放着一大堆书籍，有思想政治工作、行政管理、工业经济、农业经济等等方面的。校领导亲切

黄中鼎在江西行政学院当教师

地说："你先选些带回去看，过几天再来告诉我，你将选择什么专业教学。"

黄中鼎抱着一堆书离去，几天后回来说："我选择经济管理。"似乎像孩子抓阄，预示着将来的趋向，但黄中鼎是经过深思熟虑的。经历过"文革"的"假大空"，目睹过国民经济的崩溃，黄中鼎深深地明白，改革开放后的当务之急是要把经济建设搞上去，这就需要一大批经济管理人才，需要引用国外先进的经济管理理念。经济管理，是一门有内涵、有发展前景的学科，他有志于此！

如果说当年填写高考志愿对黄中鼎而言还是朦胧的人生抉择，那么这次的专业选择则是黄中鼎亲自在为自己今后的人生"抓阄"，这一选择奠定了他的专业方向，为他后来讲授现代物流学打下了扎实的基础。尽管当时对政治专业出身的黄中鼎来说，经济管理，是一门他并不熟悉的崭新学科。

进京求学

1982年4月，黄中鼎进江西行政学院，同年9月就被学院派往中央党校进修。

跨入中央党校大门时，黄中鼎的心情是何等激动啊！想起1966年"文革"大串联时，身为地方党校学员的他曾经特地来到中央党校"朝圣"。门口的哨兵拦住了他，他只能用羡慕而不舍的目光朝里张望，一座大礼堂遮挡了他的视线。如今像做梦一样，他竟成了中央党校的一名学员。党校的经济理论干部进修班只有从祖国各地来的三十多位学员，大多四五十岁，36岁的黄中鼎和另一位同学是班上最年轻的学员。

党校请了当时一流的经济学专家给学员开课。朱镕基，当时任国家经委委员兼技术改革局局长，时年不过五十出头，高大精瘦的身材，自有一副威严感。他的讲座在一个只能容纳四五十人的教室，他面对面地与学员们讲解中国经济管理现状与改革。朱镕基一开口就把黄中鼎吸引住了，因为他不打官腔、语言简洁、充满激情，一如他后来出任国家总理在记者招待会上的样子；钱学森，时任国防科学技术工业委员会科学技术委员会副主任，他的语言带有黄中鼎熟悉的江南口音，还十分诙谐风趣。开课那天谈到数学时他说："不要以为数学有多么深奥，复杂问题简单处理，数学其实就是扳手指头啊！"说着他举起双手，做出扳手指头的样子，全班发出了会心的笑声。这一课给黄中鼎留下了深刻的印象；还有时任国家经委主任的袁宝华、国务院农村发展研究中心主任杜润生等都给他们做过报告。在巨人的肩膀上会看得更高更远，这话说得一点也不错，参加了中央党校的学习，黄中鼎的眼界一下子开阔了。

除了邀请专家讲课外，中央党校还让学员自学讨论、撰写论文。辅导员带着学员编写《社会主义经济改革概论》一书，真枪实弹地让他们消化所学的知识。黄中鼎负责撰写第十一章"生产责任制"。生产责任制，曾经是一个让人谈虎色变的名词，因为在"文革"中所有的规章制度全被砸

黄中鼎参加会议

烂了。如何为生产责任制正名,就需要找到理论根据。黄中鼎一头扑在了党校阅览馆,这里资料较全,但不少书籍不能外借。黄中鼎一本本阅读查找,发现生产责任制的名词起源于苏联的社会主义集体农庄,又从马列著作中找到了"生产要有管理制度"的理论根据。黄中鼎如获至宝,顺利地写完这一章,第一稿就被通过了。中央党校的老师刘海番、孙钱章发现了黄中鼎这支笔杆子,以后中央党校编书、审稿都请他参加,哪怕是在他回到江西以后。

在中央党校学习五个月的"国民经济管理"专业课程后,黄中鼎又去中国人民大学进修"工业经济管理"专业,为期半年。在北京高校中,中国人民大学的经济管理专业一直是学界的翘楚。黄中鼎到学校教务处领了一张学生证后,就取得了到任何一个教室旁听的资格。如同鱼儿游入了大海,黄中鼎奋力地遨游在知识的海洋里。他不放过每一位老师的讲解,不漏过每一个新名词,他清楚地明白,这些知识,都是他回去后要向自己的学生传授的。

在北京求学的这一年,是黄中鼎生命中最重要的一年。他的知识眼界开阔了,也为后来从事的物流管理教学,打下了扎实的基础。离开北京前,黄中鼎特地到文具店买了200多元钱的文摘卡。20世纪80年代没有电脑,用卡片记下知识要点并分门别类,是读书人的普遍习惯。提着沉甸甸的行李出了南昌火车站,面对着熙熙攘攘的车站广场,黄中鼎突然产生了一个奇怪的感觉,南昌怎么这么小啊……他的心仿佛留在了北京。

黄中鼎现学现卖,立即在江西行政学院开启了"工业经济管理"课程,听课的大多是三线厂的厂长、车间主任等。课堂上,学生们热切地注视着这位与他们年纪相仿的年轻教师,恨不得把他的每句话都记在心上,黄中鼎感受到了自己的职业价值。

回南昌后,黄中鼎特地请木匠精心制作了两个书盒,存放有关专业的卡片,这书盒就是黄中鼎积累多年的知识宝库,他一直留在身边,永不遗弃。

在江西行政学院,黄中鼎一干就是十三年,其间,他被评为副教授,并任经济管理系主任。

感 恩 的 心

黄中鼎在总结过往时曾写过这样一段话:"我回顾走过的路,江西湖口县的十二年是我感受农村,了解农民,熟悉基层的经历;北京的一年是为我从事的教学专业打基础,扩大眼界,掌握学习方法,终身受益的一年,中央党校的老师把我领进管理科学的殿堂;江西行政学院的十三年高校讲台使我走向成熟;二工大给了我一个施展才能的舞台。"

二工大是黄中鼎感恩的地方。在二工大工作的十多年间,黄中鼎去过不少国家,谈合作办学、考察物流建设。作为一个新专业,校领导给了他很多机会,只要联系到有益于专业的考察项目,一律大开绿灯,这让黄中鼎心存感激。黄中鼎想在二工大创建"全球物流地理信息系统实训室",这个想法得到了学校经济管理学院院长周颐和学校教务处处长王刚的赞同和支持。

黄中鼎带着年轻的博士生到上海海事大学谈物流实训软件开发,有关部门的领导都来听讲。黄中鼎谈总体设计,具体编程让博士生谈,就好比造房子,黄中鼎掌握结构布局,砌墙铺地有专门人才做。这样的讲座很受欢迎。与上海海事大学合作的"全球物流地理信息系统实训室"很快建起来了,后来的"物流地理信息系统教学软件高职课程开发"科研项目,还获得上海市教委教学成果二等奖。

这些年,黄中鼎陆续出书,除了《现代物流管理学》外,还有《国际物流与货运代理》《物流运输管理》《企业物流管理》《仓储管理与实务》《国际货运代理实务》《报关与报检实务》等书籍。想着一直支持他的周颐院长,在编写《现代物流管理学》时,黄中鼎觉得无论如何把要把周颐院

黄中鼎的教授本色

长的名字放进去。黄中鼎与周颐一提放主编名字的事，对方就连忙摆手说道："不要，不要，支持是应该的。"后来黄中鼎无数次地对人说："同样做一件事，在上海就顺利多了，上海的大环境好。当你做事时领导赞赏你，同事帮助你，学生仰望你，让你怎能不越做越开心！"

自诩"大器晚成"的黄中鼎，感恩上海，感恩二工大，感恩学校和学院领导！

当年与黄中鼎一起毕业于江西委党校的同学，后来不少成了厅局级干部，有的还成了部级领导，黄中鼎则一直保持着教师的身份。他没有后悔自己当年的选择，他说"有所为，才能有所位"，他对自己的教授身份很自豪。

唯有一件事让黄中鼎感到遗憾，就是没有照顾好母亲的晚年生活。在南昌时，母亲有黄中鼎和兄弟们一起照顾，他调到上海，因考虑没有住房，要寄居于岳父岳母家，而妻子是家中老大，下有四个弟弟，其窘状可

黄中鼎参观北京物资学院的物流实训室

想而知。所以只能把老母亲送进南昌的养老院。七年后,黄中鼎凑齐费用在上海浦东买了一套复式房,他在上海终于有了自己的家。他买房后的第一件事就是装修好房子把身在南昌养老院的母亲接来。不料,新房刚装修好,就接到母亲去世的消息。子欲养而亲不待,这在黄中鼎心里是永远的痛,他一声长叹:"忠孝不能两全哪!"

2009年,黄中鼎从二工大经济管理学院副院长的位置上退休了。

他有一个幸福的大家庭,妻贤子孝,含饴弄孙,晚年生活的物质条件和温馨环境他都具备了。但黄中鼎就是闲不下来,他应邀去上海邦德职业技术学院,任职经济管理学院院长。2017年7月,他在学院筹办了一场"长三角跨境电子商务物流人才培养论坛",有103位代表出席论坛。这场论坛不仅把影响辐射到了全国,还有力地推动了学院的跨境电商专业建设。

过去家务事一把抓的妻子近年身体状况欠佳,妻子躺在床上起不来时忍不住要抱怨:"你这个院长什么时候也能当当我们家的院长啊!"黄中鼎

黄中鼎的天伦之乐

心怀内疚，但还是不舍自己热爱的专业。在如今老两口居住的三室二厅公寓里，黄中鼎和妻子各有一台电脑，但他依然珍藏着当年从南昌带来的那两个书盒，书盒的油漆早已黯淡，面板上也有了皲裂的细缝。黄中鼎常常轻抚着书盒，默念着自己喜爱的清代书画家郑板桥的诗句：

咬定青山不放松，
立根原在破岩中。
千磨万击还坚劲，
任尔东西南北风。

朱慰慈

教授感言：

教授之本，要有爱的情怀、渊博的知识、坚定的敬业精神、高超的教学艺术，将知识化难为易，在教与学的互动中启迪学生。

刘传先，1951年1月出生于安徽省淮南市。1968年7月毕业于安徽省重点中学淮南二中。1968年赴淮南市大通区淮丰公社插队。1970年选送到淮南师范学校短期学习。1970年底结业后分配到淮南第十四中学教初中物理和化学。1974年推荐到安徽师范大学阜阳分校物理系学习，毕业后分配到淮南师范专科学校物理系任教。1980年被学校派到中国科学技术大学物理教研室跟随研究生班学习理论物理。1984年在安徽阜阳师范学院物理系学习。1993年经省教委高评委评为物理学副教授。1992年至1996年担任淮南师范专科学校的党委办公室兼校长办公室副主任。1996年经人才引进到华东师范大学附属东昌中学任物理老师并担任科技组组长，又被评聘为上海中学物理高级教师。1999年被上海第二工业大学作为人才引进，主要从事大学物理、大学物理实验、视光技术专业等方面的教学工作。2006年被上海新建本科高评委评为教授，同时被上海第二工业大学聘为物理学教授。在上海第二工业大学工作期间担任物理系主任兼物理实验室主任、理学院副院长等职务。在近四十年的教育工作中，教学工作兢兢业业，一丝不苟，对学生严格要求，注重对学生素质的培养，在教学过程中与学生建立了良好的师生关系，至今与历届多名学生保持着长期联系。

孜孜不倦追求，无悔教育人生

刘传先教授退休后，为了促进学校的教学质量提升，他欣然接受了学校质量办公室主任的邀请，返聘回到学校担任教学督导工作，同时兼任了学校教学督导组组长。他不仅参与课堂听课，试卷检查，毕业论文抽查，教学监督、评价、指导等工作。近日为迎接学校本科教学质量评估，他忙得不亦乐乎。在忙里偷闲的情况下，刘传先在上海第二工业大学（以下简称"二工大"）校督导办公室接受了采访，从中了解到他从教的心路历程。

机缘巧合进入教师队伍

刘传先出生在历史悠久、山清水秀、人杰地灵、煤炭资源丰富的淮南市九龙岗镇。父母都是普通的劳动者，家中有兄弟姐妹六人，刘传先在家中排行老二，也是兄弟姐妹中个子最高的一个。他从小就喜欢读书，在读完小学一年级后，直接上了三年级，年级与年龄虽然不吻合，但还是能较好地跟上同级学生学习的步伐。小学毕业后，他顺利地考入安徽省重点中学淮南市第二中学，他学习成绩名列前茅，尤其是数学成绩，后来被同学推荐为数学课代表。

1968年，在上山下乡的热潮涌动下，刘传先和大批知识青年一样兴高采烈地奔赴淮南市大通区淮丰公社插队，接受贫下中农再教育。在三人一组的插队组中，他是唯一的高中生。在两年多跌宕起伏的农村劳动中，他学会插秧，用锄头除草，用镰刀收割庄稼，用扁担挑麦子等农活，闯过了体力劳动关、艰苦生活关，锻炼出自己适应艰苦生活的能力和坚忍不拔的毅力品质。

1970年7月的一天，生产队长通知他，大队推荐他去淮南师范学校读书，毕业后将分配到淮南市的中学或小学任教。听到这个消息后，刘传先既高兴又烦恼,高兴的是能够回城,烦恼的是与自己原来想当工程师的职业不吻合。在他迟疑不决的时候,父亲的一句"教师是神圣的工作,机会来之不易,你不去要后悔一辈子的"的话语,帮他下定了决心。在父亲的点拨下,他怀着向往的心情填写了上调推荐表,通过政审、体检后,很快收到了淮南师范学校入学录取通知书。在淮南师范学校集中学习了专业知识、教育教学知识,以及"师者,所以传道授业解惑也"的从师综合素质训练等,并如愿地拿到结业证书,被派遣到淮南第十四中学当老师。校长热情地接待了他,校长一番语重心长的谈话,让他激动万分,他心甘情愿地到理化教研组上任,教物理兼化学课。从此,他走上了人民教师岗位,并与物理学科结下不解之缘。

从中学老师到大学老师,需要在知识和教学上有质的提升。在淮南第十四中学任教四年后,刘传先不满足现状,为自己提出新的学习方向,要

刘传先与教学团队研究物理课程建设

求到大学继续深造。他的请求被淮南市教育局采纳,推荐他进入安徽师范大学阜阳分校物理系学习,成为一名74级物理系的学生,也是物理2班的学习班长。三年多的刻苦学习,他以各科优异的成绩获得大学文凭。在教学实习期间,校物理系主任让他参与大学物理教学工作,准备让他留校任教。可是淮南师范专科学校恢复重建急需教师,让淮南市教委派人到学校将他的档案调回到淮南师范专科学校,这样他从中学教师进入重建中的淮南师范专科学校担任了大学老师。

当初的淮南师范专科学校物理系有5名老师,刘传先是年龄最小的一位。1978年也是学校物理系重建的起步阶段,第一年从全国统考中招生30多名物理系新生,以后每届招两个班的物理系新生,学生70名左右。刘传先最初担任物理系力学专业的习题辅导老师,面对年龄比自己大的"老三届"学生,刘传先做到了细心、耐心、诚心,批改好每一本学生的练习作

刘传先在课堂教学

业，还要帮助他们追根求源，直到学生弄懂为止。

同时，刘传先在课堂教学中敬业求精，做到备好每一节课，上好每一堂课。如为了上好习题辅导课，圆满回答学生提出的问题，他在认真备课的基础上，诠释好课本上的概念，弄清楚课本上的重点，还将课本上的习题自己做一遍，因此他常常工作到深夜12点才睡觉。他辛勤劳动的付出，赢得学生们的好评，也为自己在物理教学上打下良好的基础。尔后，他开始主讲力学、电磁学等物理系课程，也得到师生的认可。

刘传先在学习的道路上是拾级而上的，高校教学的发展又一次敦促他不能放弃对学习的追求。于是在1980年，他争取到中国科学技术大学脱产学习理论物理的机会，得到尹鸿君、吴杭生等物理名师的指点，并系统地攻读了理论力学、量子力学、电动力学、热力学与统计物理和数学物理方法等课程，还系统地解答了200多道量子力学习题，深得导师的称赞。他感觉收获盛大，不仅加深了对理论物理学的理解，而且教学知识和能力得到了质的提升。1984年，他又在职到阜阳师范学院物理系学习了两年，大学物理教学方法有了显著提高，物理理论研究的深度也有了提升。学业结束后，他开始在淮南师范专科学校物理系主讲力学、电磁学、电工学、理论力学等课程。1993年被安徽省高等学校教师职务评审委员会评定为物理学副教授，还担任淮南师范专科学校的党委办公室兼校长办公室副主任。

引进人才落户上海

教育人才是发展基础教育事业的保障。当时刘传先夫妇均在淮南师范专科学校工作，在教学上他已经是副教授，在行政上是学校的"两办副主任"。他的爱人夏义琴为讲师，担任淮南师范专科学校化学系办公室主任和政治辅导员，可以说刘传先夫妇职业发展前景相当不错，而且在生活条件上也无忧无虑，有宽敞的住房和广泛的社会人脉关系。1996年，有一项知青政策，"知青子女可以落户回上海读书"，刘传先按政策把心爱的女儿送到了上海。女儿的远离，让刘传先日夜思念牵挂。又是一个机缘，上海正值招聘中学教师，于是刘传先与妻子商量，确定放弃淮南不错的工作环境和安逸的生活条件，参加华东师范大学附属东昌中学的招聘。

刘传先夫妇都是淮南师范专科学校的物理老师，到中学做物理老师应该绰绰有余。他们过五关斩六将，胜利地通过考试、专业测试和面试、试讲等环节，最后刘传先夫妇被华东师范大学附属东昌中学录用，在学校任物理老师。

初到上海，工作和生活都不尽人意。在生活上，学校安排他们住集体宿舍，女儿就安排在东昌中学读书。在教学上，从上大学物理课到上中学物理课，对刘传先夫妇来说，落差比较大，同时在职称上还要重新评定。中学物理课和大学物理课有很多不同，从教材内容看，中学物理教材的内容虽然包括力学、热学、电磁学、光学和原子物理五大部分，是基本知识与初等数学的结合。而大学物理教材虽也涉及上述内容，但在深度和广度上要加深和拓展，与高等数学知识的结合比较紧密。从教学方法看，大学物理教学与中学物理教学差异性比较大。刘传先克服困难，改变大学教学方式，寻找适应中学教学的思路和方法。他首先从物理学的重要性上启发学生，告知物理学不仅是推动社会进步的自然科学，也是阐释万事万物运动、变化、发展的哲学；在物理的实验方法上，除上好课堂教学外，他还组织学生进行"家庭电路的探究""电热水器的调查"等实践活动以及制作教具等，不断提升学生对物理的兴趣，努力做好中学物理与大学物理的衔接，他开创性的教学活动得到学校领导和学生的认可，校领导聘请刘传先担任科技组组长。

夫妇俩同在一个单位工作，往往会带来许多不便。1999年，刘传先看到上海第二工业大学（以下简称"二工大"）招聘大学物理老师的信息，他投了简历，前去应聘，被二工大作为人才引进到物理系任教。尔后，2001年系主任顾曾逯教授退休，刘传先接替担任物理系主任。2002年，市教委决定将二工大和上海东沪职业技术学院合并，组建新的二工大，将两校的原数学系、物理系、环境工程系组建为二工大理学院，刘传先在教大学物理的同时还兼任理学院副院长，理学院、体育部联合党总支书记。

赋予物理教学新内容

一个老师,知识储备越丰富,可供调动的知识越多,运用起来就可能越灵活。一个老师,思维越开阔,了解到的东西越新,才能让学生接触到最前沿的信息。

在高校期间,刘传先先后开设非物理专业的普通物理课、物理专业的力学、电磁学、热学、电工学、原子物理学、理论力学、电动力学等课程,并将物理教学与实验、生活、思想融会贯通,在教学上展现出较为明显的特色。

物理知识与生活融合。刘传先认为大学物理教师,应认真钻研教材,精心设计教学环节,采用多种形式启迪学生对物理学科的理解。针对盥洗室天花板"不明原因"滴漏现象,提出"气液相变在盥洗室天花板滴漏分

刘传先指导学生做物理实验

析中的应用"的探究,分析气相与液相转变的宏观过程、微观机制,形成液滴的临界半径与蒸气压、环境温度的关系,得出天花板滴漏的真正原因是装在浴室天花板上排气风机与排气管道没有直接联通,进而指导人们在装修浴室时,天花板上方正确装配引气除湿装置。刘传先还根据谐振动理论,分别用微积分推导和实验测定的方法,分析了一类常见的关于摆球质量减少的单摆周期问题,得到周期T随液面位置h(质量)变化的函数关系式,以及周期T随液面h变化的曲线,较精确和直观地展示了因摆球质量减少、质心下移,而导致周期变化的规律。并将此类问题的讨论扩展,分析了球壳质量对壳内水(装满)的质量比例系数K的大小对周期变化幅度和规律的影响,完成了《摆球质量减少导致周期变化问题的探讨》的学术论文。而且刘传先还结合光纤激光器及其诸多优点,概述了双包层光纤结构和包层泵浦激光器的结构原理、种类的基础上,综述了近年来高功率包

刘传先参加学校的教学督导工作

层泵浦光纤激光器的最新进展,发表了《双包层光纤激光器的研究进展》的论文,展望了包层泵浦光纤激光器的应用前景。

物理知识与视光融合。视光专业在日本大学创办得比较早,原校党委陈书记在日本考察期间,发现二工大也可开设视光专业,改变中国以前视光技术是师傅带徒弟,手艺传手艺的传承方式。在陈书记的牵线下,刘传先接替顾主任的工作,积极筹备开设视光专业。在引进日本视光设备的基础上,加快进行学科研究。针对人眼作为一种光学器官,存在着一些光学缺陷,从物理学的角度诠释小瞳孔的衍射效应、眼球光学系统的像差、瞳孔尺寸、照明度和光学散射等对人眼视觉质量的影响,重点分析了由眼球的屈光介质引入的光学像差对人眼视觉质量的影响,形成《影响人眼视觉质量的光学因素》研究报告,确立视光专业在学校发展的地位,并成为学校高职专业的品牌。在学习期间,学生掌握了光学与视光学的基础理论,熟练运用现代技术和手段进行验光配镜,也学会了经营和管理,为眼镜行业培养了验光配镜的高素质技能型专门人才,二工大视光专业毕业生的就业率达到98%以上。

物理知识与德育教育融合。乍一听,物理教学与爱国主义教育八竿子打不着,但刘传先却将爱国主义教育贯穿于物理教学。他认为学校不仅仅传授专业知识,更重要的是培养勇于肩负社会责任的有用人才。于是,他和自来云南西双版纳的实习老师李玉赤共同探讨,采用多种方式,多渠道对大学生进行爱国主义教育。在介绍简述物理发展史时,让学生了解中国古代物理学史和杰出科学家发明创造,使学生进一步认识中国人民是勤劳、智慧的,以增强大学生的民族自豪感和自信心;在阐述"两弹"元勋邓稼先、核物理学家赵忠尧等科学家鲜活的爱国奋斗精神时,激励大学生爱国之情、报国之志;在报告物理学发展有力地推动中国现代化科学技术发展时,让大学生增强热爱社会主义祖国的崇高情感;刘传先还通过超导体和原子物理的讲座,深入讲述了我国中年科学家陈立泉、赵忠贤等科学家忘我工作,依靠团队力量,谱写了一曲可歌可泣的让中国超导领域研究走在世界前沿的壮丽凯歌;还向学生介绍叶企逊参加普朗克常数的测定、吴有训对康普顿效应的发现、陆学善最先用X射线研究晶体结构布喇格,以及杨振宁、李政道、丁肇中分别获得诺贝尔物理学奖等著名科学家对人类社会做出的贡献。由此让大学物理教学融通到学生思想道德之中，激发学生爱祖国、爱科学、爱学习、爱生活的学习热情。

大学重点课程建设是推进高等教育综合改革的一项重要部分。2007年，刘传先与他的团队紧紧围绕建设一流的师资队伍、一流的教学内容、一流的教学方法、一流的教学资料和一流的教学管理的大学物理课程建设为目标，实施了"上海市教委大学物理重点课程建设"项目。他与课题组采取12项具体措施，探索重点物理课程的改革和创新建设。刘传先与他的团队经过两年的努力，完成了大学物理教学大纲、考试大纲的调整完善，参与编写出版《新编基础物理学》《大学物理实验教程》《习题分析与解答》等教科书和参考教科书。采用自己设计的多媒体教学课件，改变传统的教学手段。建设分层次物理实验教学体系和标准化的大学物理实验室，推进大学物理教学资源"三校"共享的创新平台建设，规范教研活动，坚持集体备课，尽快提高教师的教学水平，造就一支学历、职称、年龄、性别结构合理，教学效果好的大学物理教学师资团队。立足应用型高等人才培养的宗旨，重视理论教学和实践实训的结合，注重学生动手制作能力的培养，组织开展了一系列小制作、小发明活动。据调查反映，学生对大学物理的课程教学满意度呈现逐年递增的趋势，先后在学校举办物理小制作竞赛、在上海市举办的三届高校学生大学物理竞赛中，有近520人次参与竞赛活动，其中40余名学生分别获得一、二、三等奖。同时大学物理课程建设也通过上海市教委的验收，两次获得二工大教学成果奖三等奖。

刘传先还担任了学校理学院的副院长工作，在繁忙的教学和行政管理工作的同时，他仍十分重视教学研究和专业科研，先后发表23篇论文，其中10篇为核心期刊论文。作为第一作者发表了《金刚石薄膜沉积时等离子体发射光谱》《新建大学物理实验室建设的实践与探索》《论电磁相互作用力的发生》《将物理学方法论贯穿于大学物理教学》等13篇论文。编写教材《大学物理实验教程》《家用电器原理与维修》《新编基础物理学（下册）》《高中物理知识点导学》《新编基础物理学（上册）》等，刘传先本人于2006年也获得学校个人发表论文分值评比三等奖。

传承"师道"之业

刘传先与夫人夏义琴是大学同学，他们从相识、相恋，最后步入婚姻的殿堂。

提起他们的婚姻还有一段不寻常的佳话。夫人夏义琴是上海姑娘，1969年赴安徽阜阳插队，被当地的公社作为工农兵学员推荐到安徽师范大学阜阳分校物理系学习，与刘传先同在一个班级读书。刘传先在读大学前已经在中学任教物理课四年之久，物理学习上的基础要比同班同学好，同学们推荐他为学习班长。年轻时的刘传先身高一米八，戴着一副眼镜，帅气儒雅。他无论在篮球场上，还是在图书馆里，都吸引了不少女生的关注。刘传先与夏义琴同在一个学习小组，他们经常在一起探讨解答数学、物理难题。比如他们共同学习"牛顿第一定律"，用科学的思维方法，悟出"一切物体在不受外力的作用时，总保持静止状态或均速直线运动状态，直到有力改变其运动状态为止"的道理，在相互讨论中加深彼此之间的了解。他们有时漫步在风光旖旎的校园里，有时静坐在图书馆看书，有时也会同在食堂用餐，就这样你来我往，爱在两颗心中萌发。可是，当时学校的校规是不允许学生之间谈恋爱的，他们只能在心里默默地喜欢着对方。

毕业后，刘传先被分配到淮南师范专科学校物理系任教，夏义琴分配到亳州中学教物理，虽然相隔两地，但他们仍保持联系。当他们确立恋爱关系后，受到夏义琴家庭的阻力，其原因是上海人和安徽人生活习惯上的差异，希望女儿找一个上海人做女婿。夏义琴对母亲说，我们的相遇不是偶然，而是缘分。在女儿的坚持游说下，夏家还是接受了这个安徽的女婿，二人得到了双方父母的祝福。

榜样的力量是无穷的。刘传先夫妇非常热爱教师职业，把教育看成高尚的事业，把教师看成神圣的职业。在教师的岗位上，刘传先夫妇天道酬勤、孜孜不倦的精神，以及忘我工作的态度，与学生们建立了良师益友的关系。

刘传先夫妇与女儿合影

在父母的影响下，女儿刘申虹考入上海师范大学，研究生毕业后，没有去收入高薪的金融行业，而是继承父母的师道之业。她说，我也热爱父母从事的职业，教师燃烧了自己照亮了别人，意义无穷。目前，女儿在静安区一所实验中学从事心理课和政治课教学工作，他们一家三口可称之为教师家庭。

蓦然回首，刘传先在平凡而受尊敬的教学管理和教师岗位已四十余载。他从一个普通教师，通过孜孜不倦地努力学习和兢兢业业的教学工作，一步一步地丰满了羽翼，成为一位受学生尊敬的好师长，一位合格的物理学教授，一位优秀的教学管理者。退休后，他又返聘于二工大的教学督导工作，继续奔波于学校的教学课堂、实验室之间，融入于师生之中，为心仪的教育事业发挥余热，这就是刘传先敬业、勤勉、创新、和蔼的真实师道写照。

李汉琳

教授感言：

生活学习，学习生活。人生艺术，艺术人生。发现，创造，奉献。奉献，发现，创造。

翟祖华，1947年3月8日生于上海。1967年毕业于上海轻工业学校艺术设计系。1978年调入上海轻工业专科学校艺术设计系任教，曾任产品造型专业主任，系教学秘书，系教学副主任，校学术委员会委员。1993年评为副教授。2002年调入上海第二工业大学，筹建人文与艺术学院，建立艺术设计系。担任上海第二工业大学人文与艺术学院常务副院长兼系主任、教授。中国美术家协会会员、上海美术家协会会员、上海版画协会会员、上海徐悲鸿研究会会员理事。

人生艺术，艺术人生

帅气的翟祖华教授带我走进了鲁迅中学，这是一所美丽的学校，进门就看到百草园，当中一座闰土的塑像，展示鲁迅笔下的人物和场景，一股浓浓的人文氛围扑面而来。

也许你会觉得翟祖华是上海第二工业大学的教授，又不是鲁迅中学的老师，怎么到这儿来呢？原来翟祖华在创作陶艺作品的同时，义务为学生们举办了为期数年的课外陶艺拓展课，并培养带教教师。学生们参加各类市级、区级比赛，获得多次奖励，引起区教育局的关注，从而建立了学习拓展课的陶艺实训基地。为此学校为翟祖华提供两间小工作室，一间陈列学生的陶艺作业，另一间堆满陶土材料并有一个烧制陶瓷作品的电窑。工作室虽如一只小麻雀，却也五脏俱全，安排有序，琳琅满目。

参观完工作室后，我们来到外面的校园，相对坐下，在和煦的微风中，开始了正式的采访。

幸而不幸的童年

翟祖华的父亲原本学医，后经商赴台，两岸相隔数载。他和母亲一直依靠外公外婆生活。1989年，父亲第一次回到大陆，住在厦门，家人才得以团聚相叙。

1963年，翟祖华考入上海轻工业学校艺术设计系，这与他童年爱好美术有关。他的外公翟树宜在嘉定是个颇具影响力的人物，虽然只念过两年书，但凭着聪明才智，自学成才，擅长书法、篆刻、画画，家里有许多收藏品，墙上挂满各位名家的字画，有邓散木、马公愚、汪亚尘、朱其石、汪仲山……翟祖华从小看这些大师的字和画，耳濡目染，看着看着就动手画了起来。外公非常喜欢翟祖华，翟祖华也特别依赖外公，一有空，就黏着外公，看他刻章、写字、画画。外公为他刻了好几方印章，珍藏至今。

翟祖华在西区小学（今汉口路小学）读书时，被选为大队委员，常常为学校画黑板报、做环境布置等，老师都喜欢他，特别是刘校长，了解他的家境，有一次将他叫到办公室，拍拍他的头，说："碰到什么困难，就来找我。"校外有活动，刘校长总是通知他去参加。

人们常说：穷人的孩子早当家。翟祖华从小就很懂事，看见班主任冯老师挺着大肚子来上课，好辛苦，就拿了个凳子放在讲台旁边。看到冯老师进门上课，说："冯老师，您坐下吧！"一句话，说得冯老师差点流下热泪，多好的学生啊！此后，冯老师常常让翟祖华去她家玩，拿出饼干、糖果招待他，这是翟祖华从来没想过，也没吃到过的东西，这些东西只有妈妈给孩子买的，可是母亲病后，连人都认不出，怎么可能给他买呢？翟祖华吃着饼干，享受着母爱，心里暖洋洋的……

踏上美术教育讲台

翟祖华在中学求学时代，参加上海市黄浦区少年宫美术组学习绘画，这对知识如饥似渴的他来说，是个难得的机会。每次活动，他总是认真地听老师讲解，用功地画。在同学们眼中，他的素描在班上是数一数二的，老师也常常表扬他。表扬没有使他骄傲，反而让他更加努力。

参加美术组的这几年，使翟祖华有机会接触到许多大师级的美术家，如张乐平、程十发、陈道坦、何艳荣等，这些给他成人后进行美术教育、美术创作带来无穷的影响。

转眼1963年到了，翟祖华顺利考上海轻工业学校艺术设计系，在学校里，他有幸遇到岭南花鸟名家黄幻吾、水彩画家张英洪、著名油画家颜文樑等老师，使他终身得益。

没想到刚刚学习了两年，"文化大革命"来了，学校停课闹革命，一直熬到1967年毕业，翟祖华被分配到上海玻璃器皿厂做玻璃纹样（图案）设

翟祖华在陶艺工作室内与外国留学生合影

计工作，这一待就是十年。1978年他调回母校工作，翟祖华一开始听到这个消息，十分激动兴奋。老师是人类灵魂的工程师，自己的一切知识都是老师授予的，现在，自己也要走上讲台，当一名光荣的老师，这是一件多么美好的事啊！

第一年教绘画基础：色彩和素描，这对翟祖华来说，很是轻松，到第二年，要教专业基础，原来那位老师去了美国，便由他来接替。专业基础之一就是图案，古代称其为纹样，是对于平日里人们见到的人物、动物、花卉、风景进行提炼、概括、变化、变形。还包括专业设计，如VIS视觉识别设计、民间工具研究、装饰雕塑、材料造型等。

对于"图案"这门课程，是他认为最难的一门课，虽然翟祖华十分认真、刻苦，但现在要教授学生，怎么能将自己都没弄懂的知识授予别人呢？而且，母校已不是中专，而是大专，他心里泛起了一丝忧愁。

车到山前必有路，翟祖华想想自己在工厂干了十年的设计实践，这十年的工作经验为他从事艺术教育打下了基础，对图案有了认知，光有实践，还得有理论啊，他找到研究图案的资料，重新仔细研究，原来图像也可以这么美，简直是个五彩缤纷的世界。

"图案"这门课程，在艺术设计基础教学中，是作为一门重要的专业基础课程，可在纯艺术的视界里，却常常被不屑一顾，这也影响到学生，为他们所轻视。但是作为一名对学生极其负责的好老师来说，要坚持，这一坚持，竟是二十多年。

翟祖华对于艺术教育，有自己的理念，他认为，艺术是最尊重学生个性和创造性的课程。没有创造，就不会有艺术。而艺术作品的价值在很大程度上是由独创性体现出来的。艺术教育对学生创造性的鼓励、培养，必然会形成一种创造意识，这种意识形式心理定势，将对设计领域产生积极影响。

教和学是一对矛盾，要处理好，是一门很深的学问。首先要摆对自己的位置，他认为老师与学生是平等的，应该相互尊重，不能拿出师道尊严的腔调来对付学生。有同学提出问题，翟祖华就以讨论的口吻与其商讨，有时争论起来，那可是好事，越争越明，最后达到共同的认知。

有时同学迟到，翟祖华看到，并不批评，而说："我们长这么大，应该学会尊重人，你尊重我，我也尊重你，这个道理在座的都懂吗？"许多同学都点点头，表示赞同老师的意见。却说翟祖华有一次也迟到了，那是因为班车路上堵车，无法按时抵达学校，满车的老师通通迟到。当翟祖华擦着汗，一路小跑奔进教室，忙不迭地向同学们道歉，并说明理由，话刚一落音，教室里忽然响起掌声，这表示大家对老师的理解。这件事让翟祖华感到欣慰，心想：世上没有教不好的学生啊！就这样，通过老师的以身作则，言传身教，使同学们迟到的现象得以改变。

对于学生，翟祖华总是以鼓励为主。有个刚刚毕业不久的学生，在中秋节这天提了盒月饼来看老师，两人坐下聊天，聊着聊着，学生忽然问："您怎么说我画得好呢，中学里的美术老师总是说我画得不好，将来肯定考不上大学。"翟祖华笑了,说:"如果我总是说你画不好,会给你一种暗示,长久以往,就会产生自卑感,失去信心,你怎么能够画得好呢?"

"是吗?"

"如果你没有一定的潜质,没有发展的能力,我也不会无原则地说你画得好啊。因为你学习态度认真,加上掌握方法,一定能够提高的。"

2002年,翟祖华调到上海第二工业大学,筹建人文与艺术学院。时间紧迫,事务繁忙,千头万绪,建立了大的基本框架,经过几年的努力,在2005年成立了应用艺术设计学院。此时,他已到了退休年龄,完成教学任务,很想静下心来做自己的事,可是学院热情要求他参与工作室筹备工作。经过几年的筹划,一个综合性的集摄影、琉璃和陶瓷工作室于一体的近八百平方米场地,终于在2010年12月9日正式建成。由他负责的陶瓷工作室,为应用艺术设计学院工业和产品设计专业学生服务,既是该专业学生的"材料造型"课程的课堂和重要实践场所,又是集展览、课堂、工作室等诸功能为一体的综合场所。他们先后举办过几次学生课外陶艺学习班、陶艺作品观摩会及礼品开发活动。

留学生在陶艺作品汇报展览中

2012年学校首次招收多个国家的留学生，结束后，学校为他们编了一本《留学生中国文化创意体验中心民间艺术的感知与体验课程作品集》图书，收集了来自蒙古、哈萨克斯坦、德国等国学生的陶艺作品，指导老师是翟祖华。除了作品，还有学生的创意和感言，都写得很有深度。

例如，德国留学生Christian Mehler抓住中国典型的鱼文化，创作了两条鱼，他在创意中写："我喜欢我的作品，它有流动的意境，它使材料变得神奇与和谐。"感想："我享受和喜欢这次经历。"

留学生陶艺作品

蒙古的巧克做了蘑菇面具，他给蘑菇画上眼睛、鼻子和嘴，引人发笑，充满童趣，让人爱不释手。他的创意是："偶然寻找到事物之间的相似点，完成了创作。"感想："生活中充满了创作元素，把它们运用到陶艺创作中是件非常有趣的事情。"

大多数留学生创作的都是花瓶，但形态各异，色彩多样。

在这些留学生中，有四位德国学生，主动要求延长上课时间，并提早一个小时到教室，最晚离开，他们常常自行发挥，挑战自己，做出有创意性的陶瓷作品。

班上留学生们写下感想，有的说"很高兴有这个机会了解中国文化""在动手的过程中体会到陶艺的乐趣""通过这门课我对中国的陶瓷文化有了一定的了解""非常感谢民间艺术课的老师""感谢老师在这个过程中对我的帮助"……同学们的话时时温暖着翟祖华的心，也增进了他的责任心，是啊，这些学生，就像一棵棵茁壮成长的幼苗，通过他们的努力，把中国文化传播到世界各地，这是多么美好的事啊！

传统文化之动

翟祖华在繁忙的教学工作中,先后用装饰手法,创作了一系列壁画作品。

翟祖华第一幅壁画是1980年创作的陶瓷壁画《豫园春色》,这是他第一次实体壁画实践,当时安放在作为重要建筑的龙柏饭店大堂里,这是第一幅大型装饰陶瓷壁画。那时有许多人投标,最后选中了他,这是中央美术学院吴祖慈,也是他的恩师,向有关方面推荐的。

翟祖华接受任务后,几次到豫园去写生,画了许多草图,组成画面,再送审通过。最后,他拿到山东省淄博市去烧制,过了数月制作烧制,壁画完工,运到上海。历时一年之久,得到市政府领导和建筑界、评论界的肯定和好评。

翟祖华在画室中

长期的教学活动，让翟祖华感受到传统艺术之美，如果说彩陶文化是人类早年登峰造极的艺术，那么敦煌文化便是人类成熟期间的繁花。受敦煌艺术的影响，1984年翟祖华创作了第二幅丙烯壁画《陈毅诗意——人间遍种自由花》，作品表现人们对前辈英烈的怀念，以歌颂幸福美好为主题，入选全国美展并获上海优秀作品奖。这幅壁画运用了富丽的敦煌色彩，人物夸张变形，是民族化和现代风格融合的一次尝试。

1985年翟祖华又创作了一幅丙烯壁画《奥运会之光》，入选全国体育美术作品展，获铜牌奖，并获首届上海文化艺术奖二等奖。这幅画风格完全以现代新颖的构成形式，人物极度夸张、变形、变色，从而产生强烈的视觉效果。

致力于藏书票设计

藏书票出现于15世纪欧洲文艺复兴时期，目前能见到的最早的藏书票是德国人制作的，藏书票印有拉丁文"EX-LIBRIS"，意为"属于我的书"，是书籍的美化装饰。

藏书票属于小版画或微小版画，被人们誉为"版画珍珠""纸上宝石""书上蝴蝶""微型艺术"，20世纪初传入我国。翟祖华在杨可扬等前辈的影响和帮助下，从20世纪80年代末起，开始致力于藏书票的设计。翟祖华设计的藏书票《智慧鸟》和《童年情景》两组系列作品，具有很强的装饰性和童趣，深受著名版画家邵克萍先生喜爱，在报上撰文介绍，并为上海美术馆收藏。

翟祖华参加藏书票的比赛，屡屡得到好成绩。1990年参加全国藏书票大奖赛12幅，获铜奖，展出于北京中央美术学院展览厅；1992年藏书票设计三幅入选第四届全国藏书票展，获优秀作品奖；1993年8月藏书票三幅入选24回国际藏书票展；1996年2月藏书票六幅入选第六届全国藏书票展，获铜奖；同年藏书票十幅入选全国藏书票邀请赛展，被上海图书馆收藏；1997年藏书票作品四幅入选第七届国际小印张和藏书票双年展，获优秀奖；同年入选藏书票香港邀请赛作品四幅；1999年入选亚洲藏书票展作品一幅。

翟祖华获得如此杰出的成绩，与老一辈的关爱和提携是分不开的。20世纪80年代末，版画大家杨可扬、邵克萍先生提倡，并组织创作活动，翟祖华就是在他们的鼓励、帮助和关照下，渐入佳境。

笔者手上有几张翟祖华老师送的藏书票，来业余地评论一下。按照常规，藏书票的左上方有一行拉丁文：EX-LIBRIS，下方是一个娃娃人头像，头像的发式各不同，头像上面是变形的瓦当图案，形态各异，色彩也各异，有暖色调、冷色调。这是一组剪影样式的黑娃娃，共有20张，笔者得的是其中三张：一张是左边有两棵松树，右边是一个小书童，大头小身，穿着一件蓝色短衣，头顶上是灿烂的太阳，白云围绕着，整个画面简洁、和谐，充满童趣。一张是鸟的变形，那是一只猫头鹰，占据整个画面，一只眼闭，另一只睁着，很是可爱。它是益鸟，白天睡觉，夜晚上班，捕捉老鼠、蛇。一张是瓦当图案变化，各种各样的鸟，彩色的羽毛，嘹亮的叫声，在闪烁的阳光中，像流星一样穿行。作者在这里采用黑白相间的色彩，圆形图案中，一只鸟昂首挺立，雄赳赳气昂昂地向前走，就像一位勇士。

情有独钟的"陶鸡情结"

2017年是鸡年，年初在上海巨鹿路681号海上展览馆，展出翟祖华和原上海博物馆馆长陈燮君和生肖文化和家庭文化展览。展览共有154件作品，有布上油画、纸上油画、中国画、装饰画和陶艺，展览分为"百鸡肖像""陶鸡合唱""生肖荟萃""纸上家园"，堪称鸡年大合唱。翟祖华的陶鸡有50个。

翟祖华对于陶艺的研究，早几年即开始，但是真正着力创作，是2014年从高校退休以后，重新回到那个简陋的陶艺工作室，即笔者在文章的开头提到的鲁迅中学里。虽然工作室设备简单，空间狭小，仅搁着几张工作台,好在还有一台电窑,可以随心所欲烧制自己心目中的艺术品。

烧制什么呢?鸡,做一只渴望光明,最早迎接太阳的鸡,这种动物形象在翟祖华的心灵深处突然爆发出来,只见他取一把泥土,在手中随意地捏,一只小公鸡出奇地出现在面前,然后粘上鸡冠、翅膀、爪子,刹那间,它仿佛神气活现地忽然鸣啼,第一次向世界大喊道:"我来了!"翟祖华看着这个小东西,欣喜若狂,为它取了名字"初鸣"。

有了第一个,必然有第二个,翟祖华精心策划,预先画了许多草图,最后选中一张:一只报晓的雄鸡,伫立在海边崖石上,迎接冉冉升起的日出。在五彩霞光中,它与崖石浑然一体,成为山崖的一部分,山崖就是鸡。要知道,这可不是手上捏出来的,而是用木槌敲打出来的,这种敲打,非泥水匠敲泥巴那样毫无目的,是艺术家的慧眼慢慢地琢磨,用贴、粘、削、挖、劈等各种手法,陶醉于艺术创作的氛围之中,表达海风对山崖侵

课外陶艺小组合影

蚀后，所留的自然痕迹，表现艺术作品的一种不屈的精神。

小试成功后，燃起翟祖华继续做陶鸡的强烈欲望，这源于他的童年情结。小时候，翟祖华住在南京东路、四川路口的慈昌大楼，每天清晨，就会传来一片鸡啼之声，此起彼伏，一唱百和，恰似一派清新的晨曲，他在似醒非醒之中，听着这悠长的啼声，其中夹杂着海关大楼的钟声，知道黎明来了，听着美妙的迎晨曲，赶紧起床，一天之计在于晨嘛，他要照顾母亲、要上学、要画画……现在已到古稀之年，这挥不去的记忆，一直留在心中，于是，便认真地用陶土做起"鸡"来，想要通过艺术的样式，把情感的记忆用土的材质物化而永远留存下来。

韩美林有平面的《百鸡图》，秀美、活泼、灵动，翟祖华就来了一个立体三维的《百鸡造像》，天真、可爱、有趣。通过夸张的手法表现陶鸡形态的自信、威武，充满一种生命的张力。同时，强调颈部直线向上特征，表现对光明的追求。再通过对直线的夸张表现，力求传达崇高感。为了达到这种尝试，翟祖华画了大量的线描草图，上上下下求索，方方面面推敲，寻求艺术形象的贴切表达。

翟祖华的《红云》《大将军系列》等作品，无一不是根据这种理念来塑造的。《红云》，是用泥巴一条条叠上去，压上许多纹饰，使笔者想起小时候唱的一首歌："万朵红云轻轻飘荡，霞光里升起金色的太阳，小白鸽吹起清脆的哨音，唤醒了沉睡的城市和村庄……"多美的景象啊！《大将军系列》中的一张，只见"大将军"身着紫铜色的盔甲，威风凛凛地望着远方，如果让它的嘴打开，便像在指挥千军万马。

一息尚存，创业不止

往前看，不要往后看，过去有过辉煌，有过坎坷，但这一页已经翻过去，只能说明从前，不能说明将来，将来还得努力。

当笔者问翟祖华老师将来有什么打算时，他略微沉思，微笑道："我曾经在80年代就有个人的创作打算，只是当时教学工作忙，以后又承担教学管理工作，个人的艺术创作计划，也就一再搁置下来，以为将来总有机会实施，谁知这一等，竟然等了近三十年之久。静心想来，十分伤心和无奈的。"他将过去曾设想的创作计划娓娓道来，希望在有生之年能坚持不懈地向创作目标前进。

目前，翟祖华在浦东新区有一个带有综合功能用途的工作室，在那里，他做着自己想做的作品，不浪费生命、不浪费时间，忙得不亦乐乎。

翟祖华说自己是"三脚猫"，上海人说这个人"三脚猫"，样样都会，样样都不精，但翟祖华自有其独特见解。翟祖华有一方闲章，就叫"三脚猫"，是外祖父刻的，他一直珍藏着。因为社会工作量的增加，形成他对多种艺术门类的热趣，而对艺术样式的新奇和探索，使他常常欲罢不能，沉浸其间，不能自拔，由于对多种艺术门类的热爱，它们之间又是互相融会贯通，使他总想深入尝试，故自嘲为"三脚猫"。

"我希望通过艺术实践，加深文化的传承和对美的表达，这也是艺术教育者和创造者的职责所在。"翟祖华如是说。

丁言昭

教授感言：

以敬业、精益、专注、创新的工匠精神，钻研高职教学规律，探索改革教学的模式，把激发学生求知欲和培养学生成才作为最大的幸福和快乐。

苏家健，1950年7月生于上海，1968年高中毕业后，赴上海五四农场参加劳动，1972年调到上海申佳铁合金厂工作，1978年恢复高考后，考入上海第二工业大学自动化系学习，1982年大学毕业后回到上海申佳铁合金有限公司从事技术开发工作，1988年考入上海工业大学自动化系就读研究生，毕业后又回到原单位，推荐为技术开发处主任、高级工程师。1999年调入上海市东沪高职从事自动化教学，任电气系主任。2002年至2011年在上海第二工业大学电子工程学院任副教授、教授、副院长，退休后被上海震旦职业学院聘为机电工程学院院长。发表论文和出版教材26篇/部，获得研究成果18项，获得专利3项，创建教学改革实训基地2个，所授的"可编程序控制器应用实训"等2门课程获得市级精品课程，主编的《PLC技术与应用实训》教材列入"十二五"职业教育国家规划教材，被上海市教委授予"教学名师"称号。

以匠心塑造教授之魂

恪守匠心，助推自我发展

匠心，是创造与发现，是灵感与妙想。

具有匠心精神的苏家健教授，虽然退休了，还继续为上海的高职教育事业奔忙着。笔者约他多次，才抽空见面交谈。他如数家珍地介绍了研究成果、专利、出版教材和建设教学实训基地等，真让人感到惊讶。当提及为何坚持在高级职业教育的岗位上，他娓娓道来。苏家健出生在普通的工人家庭，父亲从事采购工作，母亲是家庭主妇。父母育有四个孩子，两个姐姐，一个弟弟，他排行老三。父亲虽然文化程度和职业地位不高，但希望子女们能好好学习，将来在社会上做一个有文化、有知识的人。父亲的教诲，影响穿透了他的一生，读书成为他一生中重要的生活习惯。

20世纪50年代初，苏家健的父亲在上海难以找到合适的工作，家境一度贫寒，母亲就带着他和姐弟回到宁波老家暂住一段日子。在没有幼儿园的情况下，喜欢读书的苏家健六岁就进入学堂读书。不久上海传来消息，父亲找到工作了，母亲带着孩子们又回到上海，几个子女能在上海读书了，这样苏家健比同龄读书人高出了两届。1967年，苏家健从上海六十中学高中毕业。因为两个姐姐留在上海工作，按照当时的规定他必须要到农村去。1968年，他告别父母和兄弟姐妹，响应上山下乡号召，来到上海奉贤五四农场，开始了农场的青春岁月。在农场那片土地上，他通过开河挑泥和"三抢"等艰苦的劳动生活，历练了他乐观、勤奋、坚韧、吃苦耐劳的精神。

四年后，他从农场上调到上海申佳铁合金有限公司，成为一名炼制特种钢材元素的炉前工。他跟着工段长师傅一步一步地学，一炉一炉地炼，得到厂领导的多次表扬和奖励,自己也从中积累了不少工作经验。

国家恢复高考制度后,为有志学习的青年打开了上大学的大门。苏家健在工段长师傅的鼓励下,决定参加高考,填报了上海第二工业大学(以下简称"二工大")自动化系。有着高中毕业生的文化基础和认真刻苦的复习态度,苏家健如愿以偿地进入大学学习。自动化专业是他本人十分喜欢的专业,毕业生也是国家十分急需的紧缺人才。大学学习期间,他以各科优异的成绩获得了大学毕业文凭。大学毕业后,有的同学选择跳槽到其他单位,有的继续深造读书,而苏家健为感恩工厂对他的培养,选择回到原单位工作,因为在那里有自己热爱的岗位,有朝夕相处的同事,更重要的是想用学到的专业知识去改变工人的劳动强度和工作环境。

单位领导根据苏家健的学习专业,把他安排在技术开发部工作,让他参与多项科研项目的开发。

建于1958年的上海申佳铁合金有限公司,主要生产铬、锰、硅、钼、钛等特种钢材,产品供应国内冶金、机电、铸造、电焊条等行业,也销往美国、欧洲、日本、韩国等其他国家和地区,同时也是宝山地区用电大户。大学毕业不久的他,参加市经委下达的"铁合金精炼电炉负荷微机控制系统的研发"项目,经多次试验,他解决了因电炉电流大而产生的跳闸问题,同时节约电量4%,此项目一举获得上海市科技进步三等奖。以前炉炼特种钢铁是人工配料,难免会在产品质量上产生误差问题,苏家健应用自动控制的原理,设计出计量配料、搅拌钢料、输送料材等电炉计算机控制系统,让配料精确度提高3%,节省原料5%,节约电量4%,该项目同时获得上海市冶金局科技进步二等奖。苏家健还主持"微碳烙铁炉前快速分析""硅锰电炉PLC控制"等科研项目并获得了奖项,他本人也获得了局级先进科技工作者的称号。

1988年,厂里选拔苏家健等四名年轻技术干部作为工厂培养的第二梯队人才,分别保送到北京、上海读研究生。苏家健十分珍惜机会,又如愿取得上海工业大学自动化系攻读硕士研究生学位,并在读研期间获得了两次奖学金。从实践到理论,再从理论到实践,苏家健的研究理论水平达到了质的飞跃。硕士毕业后，他又回到自己热爱的工厂，继续开发研究科研项目。

20世纪90年代正值苏家健在厂里的技术革新搞得顺风顺水的时候，上海申佳铁合金工厂却赶上了大转型和大震荡的时代，为了改变环境污染，企业将生产部门迁往外地，大部分工人面临下岗，技术人员也要重新自谋出路。年仅40岁的苏家健寻找了好多单位，左思右想，最后还是选择到本系统冶金局下属的上海东沪高职学校从事职业教育工作。

匠心打造"双师型"教师

从企业"动手"的高级工程师到三尺讲台"开口"的老师，职业转换让苏家健感到心里没底气，他真诚地对上海东沪高职学校的领导说，你们先不要录用，让我先为学生上一堂课，考量一下我能不能做好教学工作。苏家健精心备课，深入浅出地为学生上了一堂"自动化原理"的课，受到学生们的赞扬，也得到校方的好评。从此他从技术干部成为教育领域中的一名"新兵"，并逐渐成为理论与实践结合授课的典范，年年被学生推荐为"我最喜欢的老师"。

2002年，上海东沪高职学校合并到二工大，苏家健调到电子工程学院从事教学工作，并出任副院长职务，也让他的教学视角更为宽泛，丰富的企业工作经验和教学感悟，让他在教学改革、专业建设、实训基地、研究成果、专利发表、教材出版等方面颇有建树。

在教学方法上创新。电气控制、自动检测与转换技术、单片机原理及应用、可编程序控制器应用等学科是机电一体化专业学生必修的基础课，该专业也是社会经济、生产、生活、科研等各领域离不开的紧缺人才，但是大多数学生在学习该专业时感到难度较大。因此苏家健改变教学方法，坚持"理论够用为度，加强实践训练"的教学理念，注重知识传承与创新相结合，创设"实践课程教学模式"，力求使学生能提高对学好该课程的兴趣，激发学生探究自动控制的奥秘，在动手实践中，体验自动化技能应用的神奇和精彩。

苏家健工作中

"实践课业教学"的指导思想将学生就业作为课程教学的出发点和归宿，与职业岗位人才培养目标紧密结合，确定适应机电一体化的"知识、技能、素质"三位一体教学模式，"迫使"学生走向企业，走向市场，使他们对现实的机电一体化有直观的认识和体验，掌握岗位所需的专业知识、基本技能和实践能力。结合"自动检测和转换技术"的教学课程，苏家健教授以"电子秤的称重、显示重量"为题目，给学生讲解电子秤的组成，重量信号转换成电信号，数据被单片机接收、处理，被处理后的数据显示等整个流程，要求学生在网上查阅实现每一环节的电子线路，苏家健又从中分析讲解电子线路，引出称重传感器、转换电路、放大电路、A/D转换、单片机、LED显示等各个子项目。在每个子项目的驱动下，激发了学生的学习兴趣，学生通过实验和制作线路板子、调试、编程、记数据、核对结果等，加深对机电一体化专业的理解。又如温度是如何测量的，楼顶水箱的水位如何控制，出租车计价器的里程是如何计算的，电动机的转速如何测量，煤气报警又如何测量一氧化碳等。苏家健先进行知识点讲授，让学生去体验，在实验中注重培养学生解决问题的能力。

在教材编制上新颖实用。结合中国工业发展进程中急需的人才为出发点，苏家健把在企业工作中的经验积淀与教学结合，先后编写了"控制系统、传感技术、电子工程、电工技术"等一批高职教学理论教材，以及"实践教学体系"配套的实验实训教材。苏家健在编制教材体系的构架上，追求课程目标的全面适宜性、领域分布的均衡性、高低结构的合理搭配等，满足了"双证"实践教学的要求，为全国多所高职院校采用并广受好评。2003年，苏家健与其他两位教授根据科研成果和教学编制了《单片机原理及应用技术》教材，其内容实用新颖，知识面广，应用实例多，2004年由高等教育出版社正式出版。该书出版以来，普受教学界的欢迎，至今为止已再版印刷十多次。以后他又相继单独和联合出版了《自动检测与转换技术》《电气控制与PLC》《可编程序控制器原理及应用》《电路与电工技术项目教程——教、学、做一体化》《电气控制技术与职业技能实训》等12本教材。其中苏家健编著《可编程序控制器应用实训（三菱机型）》教材，由电子工业出版社再版，并于2013年被教育部批准为国家十二五职业教育的规划教材，同时申报的"双证"融通模式下课程体系重新构建的研究课题，被中国职业技术教育学会职业教育质量保障与评估研究会评为优秀课题。

在成果转化上颇有建树。学生中有一部分是生产企业的技术骨干，技术功底扎实。苏家健授课不是老生常谈概念，而是把每次上课作为新的起点，学生听他课时无迟到、无早退现象。每次授课结束，同学们以热烈的掌声表示对苏家健的肯定和鼓励。学生反映，"每次来听苏老师的课，都有新的收获，学到实用技术，受益匪浅。"其中有一位来自上海施能电器设备厂的吴同学，听了苏家健授课后，萌发要开发单位的电动叉车充电器的军工产品，就与苏家健商榷产品开发的技术问题。苏家健不厌其烦进行指导，甚至到他单位帮助编程和调试，经过双方的共同努力，终于研制成电动叉车充电器,获得浦东发明创造银奖以及国家发明专利,吴同学也成长为单位的技术领导,苏家健也感到莫大的成就感和幸福感。又如苏家健、曹柏荣与上海申佳铁合金有限公司合作,开发了微炭铬铁含硅量的炉前快速测试仪。合金中含硅量的多少决定了产品的等级,以前的化验流程是先从炉内取出高温液态合金,冷却后即时磨成粉送往化验室进行化验。在等待化验期间,电炉处于耗电保温状态。如果数据不合格,炉长启动加辅料,再冶炼,再送检,直到合格为止。若能设计出一种出炉前快速硅含量测试仪,就可以大大降低能源消耗,减少用电成本,提高经济效益。苏家健与他的团队采用传感器技术、单片机技术、大数据技术等方法,终于研制出"硅含量测试仪",大大提高炉前快速测试合金成分的速度和时间,节约冶炼的电耗,提高产品的质量,也取得较好的经济效益,该科研项目获得了上海市冶金局科技进步三等奖,同时还申请了国家

苏家健指导学生做实验

专利。另外，他还在专业刊物及核心期刊上发表《电炉炉衬寿命可靠性研究的数学模型》《电极压放量监控系统的技术研究》《基于铁合金电炉配料系统组成及控制算法实现》《变频器在热兑微铬生产中的应用》《基于电极压放量PLC数字监控系统的研究》等13篇科研成果和教学改革的论文。

以匠心精神开发教育实训基地

苏家健以"手脑并用，知行合一"的教学特色，被誉为具有丰富教学和实践经验的"双师型"教师。他名声远扬在外，在退休临近时，即被上海震旦职业学院聘请为机电工程分院的院长。苏家健怀着对党的教学事业孜孜不倦的追求，为了实现高等职业教学"双证"融通的战略目标，在身体状况良好的情况下，他接受了聘任，与新的教学团队在推进"双证"融通、实训基地建设、双师型队伍建设、课程建设和教材编制、职业技能考证培训、校企合作、论文与科研等方面进行深入探索，在高职教学改革和教书育人中做出了显著的成绩。

实践是认识的基础，是获得知识的源泉，是检验真理的标准。为激发青年大学生与新时代同心同向，绽放最美丽的青春光芒，在苏家健带领下，结合机电类专业人才培养计划，启动"2+1"教学方式改革试验，即两年理论基础加一年实训教学。明确"以学生就业为导向，构建机电类专业双证融通的实践教学体系"的指导思想，打破以理论教学为主的课程体系，以综合素养为基础，以职业能力为本位，提升实践教学体系，实施校企合作，把培养机电类专业中维修电工、数控铣工、汽车维修等中、高级职业技能为目标，制定教学培养规划，落实具体实施措施，得到了师生们的好评。

苏家健与他的团队认为，实训是高等职业教育不可缺少的重要教学环节，亦是应用型和技能型人才培养的重要途径。他们除了发展稳定的校外实训基地外，还加大对校内教学实习实验设备建设的投入，让学生能在真正的工作环境中学习和锻炼。苏家健在校内构想创建"机电一体化教学高地""数控技术职业教育实训基地",他从方案设计、教学课程编制、授课方式做了大胆创新。在2009年建设"机电一体化教学高地"的基础上,又亲自起草了"上海震旦职业学院数控技术实训基地建设方案",得到了上海市教委的批准,并于2010年,获得中央财政400万元经费资助建设"数控技术职业教育实训基地"。480平方米的"数控技术职业教育实训基地"内有数控编程及仿真机房、数控车床实训室、数控铣床实训室、数控加工中心实训室、数控维修实训室、配套工艺设计及管理软件"CAXA工艺图表和汇总软件"、全网络环境产品数字化设计制造中心DNC等,真正使职业教学如虎添翼。同时在可容纳上百名学生的实训基地上,还开设数控车削、数控铣削、数控加工中心加工、数控编程及仿真、数控建模、数控维修实训等各种数控实训项目,学生通过实训基地的培训不仅可以获得知识文凭,还可以获得技能证书。据不完全统计,学生中获得数控技术中级证书的达85%,高级证书的达50%,毕业就业率为99.3%。

民办职业学院的发展需要内在力量和社会支持,苏家健与他的教学团队自筹50多万人民币建设"维修电工"职业技能中级、高级实训室,开展对外技术服务和职业技能培训。在实训室建设中,学院全体老师和学生,不计任何报酬,进行设备的CAD设计、制作、安装和调试,共计制作了20套电气控制装置和9套普通机床排除故障装置,不但提高了师生们的理论联系实际水平和实践动手能力,也满足了学生技能培训需要,又增强了学生的荣誉感。在2014年学校教学评估时,受到上海市教委评估专家高度赞扬。

苏家健外出学习

苏家健出国考察

实践教学体系的构建与实施,对教学师资队伍提出了更高的要求。为开设好机电类专业,苏家健十分注意培养或引进专、兼职教师,组建一支科研能力较强、教学经验丰富、教学水平较高、技术能力较强、敬业精神好的"双师型"师资队伍。在他的指导下顾阳、徐文文、姚琳娜等教师参与高职核心课程教材编写、教案编制、纵向科研项目研制、合作横向科研项目研究、申请国家专利、校企合作、企业见习、职业技能培训等项目,大大提高青年教师的教学水平。由于苏家健教授在教学改革、教书育人方面成绩显著,被上海震旦职业学院授予教育功臣,被市教委授予"教学名师"称号,他开设的课程"传感器与检测技术""可编程序控制器应用实训",获上海市教委"精品课程"的荣誉,他的数控技术教学团队也获得上海高职院校市级教学团队称号,同时又获得上海市教学成果奖(职业教育)二等奖,以及被上海市教育工会授予"教学先锋号"称号等。

以匠心与妻子建立合作伙伴关系

苏家健的家庭是传统型家庭，他的家简单、温馨、和谐。

20世纪70年代初，苏家健经人介绍与在上海标准件厂工作的万伟成女士成婚，婚后不久育有女儿颖颖。妻子总是在背后默默无闻地操持着家庭的事务，全力支持苏家健的学习、研究和教学工作。

1977年，由于"文化大革命"的冲击而中断了十年的高考制度得以恢复，从此国家重新迎来了尊重知识、尊重人才的春天，也为喜欢读书的苏家健带来了新的生机。当时妻子正在怀孕期间，苏家健怀着忐忑不安的心情对妻子说："我想参加高考，但你怀孕了，我又不好意思开口。"妻子听后说："我之所以嫁给你，就是看中你爱学习，工作勤奋努力，现在有了上大学的机会，为何不去试试？"妻子还表示："家务活我来干，孩子我来带，你安心复习功课吧。"苏家健没有辜负妻子的付出和支持，如愿考上了大学。

苏家健工作非常出色，得到上海申佳铁合金厂领导的首肯。20世纪80年代初，又一次推荐他与其他三位同事到北京读研究生，他考虑到赴北京学习又要辛苦妻子，于是他与领导商量后，决定不报考北京的大学，继续报考上海工业大学自动化系读研究生，这样既能照顾家庭，又能安心学习，还可以在读书间隙为厂里服务。他的想法得到领导允许。可是备考期间发现妻子又怀孕了，当时政策条件对他们而言是可以生育二胎的。苏家健与妻子商量："能不能不要这个孩子，因为读研任务重，如果再生一个孩子，四口之家经济上会遇到困难，我又帮不上忙，你的精力和体力也有限。"后来经过二人协商后，决定不要第二个孩子了。

20世纪90年代，妻子下岗了，苏家健面临重新择业，同时双方的双亲又相继去世，妻子家又留下了一个生活不能自理的患有精神病和其他疾病的兄弟，需要苏家健妻子的照料，苏家健的家庭一度困难重重。苏家健对妻子说："你不要外出找工作了，我聘请你为家庭的'CEO'，我负责在外工作上的打理,你在家里处理好家庭事务。"几十年来,无论是在上海申佳铁合金厂工作,还是在二工大当教授,苏家健都要付出不计报酬的时间和精力,每天回家都很晚,妻子总是在家等候,让在外工作的丈夫能够回家吃到热菜热饭,感受家庭的温暖。

妻子把家里安排得有条有理,苏家健在外取得一个又一个佳绩,几十年来,夫妻之间成为相互支撑、和谐共存、守望相助的真正友好的合作伙伴关系。

在女儿颖颖成长过程中,苏家健不是读书,就是搞科研创新、写论文、出书,父亲对女儿的陪伴很少,女儿没有考入大学,而是读了职业技术学校,毕业后又进入铁合金厂做财务。这时苏家健才恍然大悟,决定帮助女儿补习功课,让她重新考上大学。颖颖在父亲的指导下,顺利地考入复旦大学会计专业,目前,女儿、女婿和外孙女一家其乐融融。

苏家健的合家欢

提起外孙女昕语，苏家健满面喜悦。他说，外孙女在上海重点学校市北中学读高中，可称得是一个"女学霸"。一般情况下，孩子的课后作业都要在父母的不断监督下完成。可是苏家健的外孙女昕语是父母叫她"不要读书"，可以出去玩玩了，但她还是继续看书学习，非常勤奋努力。

女儿一家与苏家健夫妇居住在一起。在外孙女成长过程中，苏家健的言传身教深深影响着外孙女，外孙女小小年纪也喜欢搞科技小实验。一次，她与几个同学做了一个实验，将"指甲油"倒入塑料泡沫之中，然后发生冒出气烟的化学反应。外孙女和她的同学将实验过程写成论文，提出"指甲油"对人的身体是有影响的报告，建议女性要选择性地使用"指甲油"，该试验项目获得全国教育协会高中化学竞赛二等奖。又如上海的寒冬天气急剧变冷，易发生地下水管爆裂事故，这时候"城市蛙人"就要深入到地下又冷又脏处寻找水管破裂点。针对所见的水管爆裂现象，外孙女昕语就与同学一起在网上搜索，了解到上海有辛苦劳作的"城市蛙人" 2 000 余个，于是就萌发出是不是可以用水下机器人来替代"城市蛙人"的设想。外孙女和同学写好论文后，请苏家健指导。外孙女说："我们有思路，但是缺少专业知识，请外公点拨一下。"指导后的论文报到上海市静安区教育局，评委看了后说，此论文肯定有高人指点，建议几位高中生做一个模型，再上报参加全国赛事，这样获奖的概率就高。外孙女又找外公指导，苏家健说："美国的水下机器人在水下数据无线传送只能120米，中国也只不过100米不到，做此模型难度比较大，只能做一个意向性的模型来说明你们的构思。"模拟模型完成后，送到全国参赛，最后获得国家教育部颁发的三等奖。

苏家健自加入高等职业教育的第一天起，就树立了为之奉献一生的信念，其之所以有如此的毅力，归根结底，是其在骨子里一份沉甸甸的责任感，有一份匠心精神在传承。深信苏家健在传道授业解惑，为人师表，教书育人的征途上必将再创奇迹。

李汉琳

教授感言：

保持饥饿，保持愚蠢！知识的富有往往会窒息一个人的灵性，唯有保持饥饿状态，保持还有自己不知道的事情的愚蠢，才有不懈的创造力。

杨冠群，1950年生于上海。上海第二工业大学电子与电气工程学院教授。1989年获清华大学工学硕士学位。自2003年起积极投身创新教育，探索出一条"以竞赛促探索、以超越促创新"的培育学生课外创新活动道路，带领二工大学子获得上海市级以上奖项88个，其中12个全国大赛一、二等奖，1个上海市级特等奖。2007年获上海市育才奖，2008年执教课程获评上海市本科精品课程。

保持"好奇心",保持创造力

创新是国家兴旺发达的原动力,是民族进步的灵魂。提升学生创新创业素质,成为高校肩头的重任。

在上海第二工业大学(以下简称"二工大"),创新教育成绩斐然,一个突出的体现是二工大学子在多项重量级的创新大赛中频频获奖。而这其中许多获奖项目的指导老师都是二工大电子与电气学院杨冠群教授。

然而,尽管战功赫赫,杨冠群却不愿接受采访。笔者是在请他就创新、教育等热点问题发表看法,以及收集的资料中,才慢慢勾勒出他从教生涯的大致轮廓。

投身创新教育

老三届上山下乡、清华大学读研、在外企从事技术工作,然后在1998年进入二工大从教,杨冠群的人生经历可谓丰富。

对比社会需求和大学教育现状,他发觉现在的大学生急需补上理论与实践脱节的短板:"学历不等于能力。我们传统的教育模式注重传授理论,只教知识,没有给学生搭建起正确的思维框架,实践太少。大学生毕业走上工作岗位后,思维有局限,解决实际问题的能力较弱。"

2001年,全国大学生电子设计竞赛组委会面向全国高校征集竞赛命题,杨冠群用一周时间所出的赛题,获得了优秀征题奖。当时,获奖者全国共6人,上海仅1人。由此,引发了杨冠群对此类竞赛活动的关注。他开始参与创新教育,指导学生利用课余时间开展科创设计和制作活动,希望以此来引导学生走向能力提升、奋发有为的成长道路。

当杨冠群第一次带着学生参加一个市级竞赛时,一些名校人士投来了轻视的目光。对此,杨冠群有过愤意,不过,他认为,二工大的一些学生基础较为薄弱,但主要是在应试能力上与名校之间的差距,他们中有不乏在创新方面非常有潜力的好苗子。

事实证明了这一点。2003年,杨冠群带领的二工大学子在全国大学生电子设计竞赛中,就获得多个三等奖项。

多个维度选苗

2004年,杨冠群首创了在完全没有任何基础的大一新生中开展单片机应用竞赛活动。同时,在带领学生课外科技活动和竞赛中,杨冠群发现学生创新思维和探索能力的欠缺,遂在学校开设"创新思维方法与实践"公选课程,探讨创新思维的形成,促进学生改变思维习惯。

杨冠群指导学生科创项目

这一课程深受学生欢迎。每逢大一新生入学参加完军训后，杨冠群就开始向新生宣讲介绍课程与竞赛特色，播放二工大学子参加竞赛的录像，在校园里张贴海报，招募新学员。由于课程火爆，选修这种300人的大课堂也常常要用到"秒杀"。不过，即使当了杨冠群的学生也并不意味着可以高枕无忧，因为他的要求甚为严格，每一年都会有淘汰比例。

那么，什么样的苗子才能入杨冠群的"法眼"？他认为，一是要考察思维能力，二是看是否真正有兴趣，三是看是否细致，四是看是否勤奋，五是看是否有自信。

怎样考查学生的思维能力？杨冠群的办法挺特别。

比如他会让学生在不用九九乘法口诀的前提下做计算题，让学生尽快朗读一段没有标点的文字，看他是否能否顺畅地读下来。甚至，杨冠群还会考查学生写的字。"怎样搭建字的框架、字与字之间怎么勾连、字写得马虎还是认真，都能反映一个人的思维特点。"杨冠群要求学生不仅要有聪明的头脑，更要有爱开动脑筋的积极主动性，并且十分强调自信心的建立。

方法重于答案

"能力比知识更重要，方法比答案更重要，过程比结果更重要"，这是杨冠群遵循的理念。

在杨冠群看来，知识和能力不能等同，教师在人类进化中担负着传道授业的重任，而进化是动态的，所以教师的知识肯定是落后的。正因如此，老师必须永远处于进取状态，只有自己先站立起来，才能搀扶他人。指导学生竞赛，老师必须想到别人想不到的点子，做到别人做不到的精细，调教学生在老师的想法上锦上添花。也正因如此，好教师不能做讲解员，教师的职责不是传授知识，而是启发学生自己动脑来解决问题。教师应针对不同的学生设计不同的教学方法。

在课堂中，杨冠群喜欢采用启发式提问，例如他以几乎人人必备的手

杨冠群带领学生团队认真备战智能车赛

机、电脑等电子产品引导学生思考功能与参数之间的关系以及尚存何种不足、原因何在、如何改进等问题，增强学生的问题意识，激发学生的学习兴趣，调动学生学习的积极性、主动性。

带领学生参观展览馆时，杨冠群"借题发挥"，启发和引导同学们就展出的内容、效果以及是否还有其他更好的方案等内容展开深入讨论，促使学生长知识、拓眼界。

他还改变了教学界长期沿用的依赖现成实验设备的传统验证式实验方式，开创了"DIY"体验式实验模式，由学生在其自己的实验板上"由零开始、循序渐进、前后嫁接"，不断增加内容和功能进行设计制作，提高学生的学习兴趣和效率。

带教竞赛团队，杨冠群采取的是"以老带新"的形式，让"老队员"当"小老师"。这样，既形成了队伍梯度，又调动了学生的积极性，锻炼了他们的组织能力。

对学生在实验实训中，或在参加各类竞赛的模拟训练中遇到疑问和困难，杨冠群不允许学生立即上网查询，寻找现成答案，而是要求学生自己动脑解决疑难，他鼓励学生不怕试错，让学生在实际设计中领悟每个环节的关键点，掌握真本领。

比如在2009年，杨冠群指导学生研发了"基于ISM短距无线通讯的接力式电子公交站牌系统"，这套系统中有与电子公交站牌配套的城区交通模型，一辆"公交车"在"街"上行驶、转弯。怎样才能让无人操控的"公交车"行动自如？杨冠群把这项任务交给了大二学生王海波。王海波花了一个多月时间，最终设计出一个好方案——模型底板下方装设轨道和传送带，依靠磁力推动板上的"公交车"行驶，使博览会上的很多观众看着轮子不转的公交车模能在没有轨道的底板上顺畅行驶并准确停靠站点而赞叹不已。

甘于自投罗网

每逢双休日，有三个半天，杨冠群都要为学生上辅导课，指导学生在实验室进行实验，给学生做命题竞赛。到了寒暑假，杨冠群带领竞赛团队赛进行集训冲刺。即使是在退休之后，杨冠群仍然放弃休闲的时光，坚守在指导学生课外创新活动的第一线。不过，对于笔者采用的"坚守""放弃"这样的表述，杨冠群却表示不赞同，他称自己是心甘情愿的。他说："'坚持'是被动的，而我是主动的，我这是在'玩'，乐此不疲。"

2008年1月19日，杨冠群带领学生到上海大学参加第六届陈嘉庚青少年发明竞赛返程途中，由于疲劳过度，大脑缺氧，当他走出二号线东方路站地铁车厢时，突然失去知觉，猛地摔倒在地上。后送医院抢救后，医生嘱咐他要静养一周后视情况再决定能否工作，学院领导也及时给予他细致周到的关心。可杨冠群第二天就回到了被他戏称为"花果山"的工作室。

除了指导学生课外创新，杨冠群还乐意为学生在交友处事、如何进行人生规划等方面答疑解惑。

那天，当笔者来到杨冠群的工作室采访时，正碰上他在与一位学生交谈。原来，这位研二学生对未来道路的选择感到迷茫，虽然与杨冠群素昧平生，但他慕名来找杨冠群解惑，而杨冠群给了他一些中肯的建议。

现在，就连毕业后走上工作岗位的学生，也会经常打电话来向杨冠群求教专业方面和人生发展方面的问题。一位他曾经指导过的学生从军后仍不断写信向他汇报个人学习和成长情况。

竞赛场上夺标

自从在2003年的全国大学生电子设计竞赛中获得多个三等奖项之后，杨冠群带领的二工大学子在市级和全国重量级竞赛中连年获奖，并且奖项越来越高。与之同台竞争的有不少是985、211高校的硕士生甚至是博士生。

下面，让我们来看看杨冠群指导学生参加竞赛的战果：

2003年指导学生在全国大学生电子设计竞赛中获得多个三等奖项；

2005年、2006年指导学生在上海市高校学生嵌入式系统创新设计竞赛中获得三等奖；

2005年指导学生在"上汽杯"高校学生科技创新作品竞赛中获得二等奖；

2006年、2007年指导学生分别获得第四届、第五届陈嘉庚青少年发明鼓励奖和三等奖；

2007年指导学生获得全国大学生电子设计竞赛全国二等奖暨上海赛区一等奖；

2008年指导学生在"上汽杯"竞赛中获得一等奖，在第六届陈嘉庚青少年发明奖（上海赛区）获三等奖；

2009年指导学生研发的"基于ISM短距无线通讯的接力式电子公交站

2008年智能车赛全国二等奖获奖队伍

牌系统"获中国工业博览会高校展区优秀展品三等奖;

2011年指导学生在第六届全国大学生"飞思卡尔"杯智能汽车竞赛中获全国一等奖;

2012年指导学生在第七届"上汽教育杯"上海市高校学生科技创新作品展示评选活动中获第一名;

2015年在全国大学生电子设计竞赛中获得两个全国二等奖;

2016年指导学生在第十一届全国大学生"恩智浦"杯(原"飞思卡尔"杯)智能汽车竞赛华东分区赛场上获得摄像头组华东赛区一等奖、电磁组华东赛区二等奖、信标越野组华东赛区二等奖;

2017年指导学生获全国大学生电子设计竞赛全国一等奖1项、上海赛区一等奖1项;第十二届全国大学生"恩智浦"杯智能汽车竞赛华东赛区

2009年电子站牌项目获工博会优秀展品三等奖

二等奖1项、三等奖1项；

粗略统计，杨冠群带领二工大学子获得上海市级以上奖项88个，其中，12个全国大赛一、二等奖，1个上海市级特等奖，真可谓是硕果累累。

科创带来精彩

这些奖项中既有多类命题赛，也有自主选题的创新项目。比如2009年，二工大学生在上海工业博览会上展示了自己制作了一个模型，模拟一辆公交车的运行线路：一辆公交车进站了，站牌可以将感知的信息传送给相邻的站牌，进而逐级传递直达终点站，于是在每个站牌上都可以看到现在车辆行驶的地点，公交站牌可以成为一个接力式的通信链，方便乘客及时了解信息。这是杨冠群带领本科生花费一年时间采用短距通讯频点隔区复用技术完成的"基于ISM短距无线通讯的接力式电子公交站牌系统",造价低、污染小、节省能源,优于GPS和手机通讯技术,在该年的工博会上成为了参观的一个热点。

竞赛夺奖使二工大在全国高校中赢得了良好的声誉,当然从中获益最大的是学生。杨冠群带教的学生特别受到用人单位的欢迎,多个用人单位和研究机构主动联系杨冠群,希望他推荐学生,甚至有毕业生因读书期间没有受到他的指导而遗憾,毕业后工作受挫再次回到他的实验室学习。这些学生通过课外创新活动锻炼了专业技能和学术素养,走出去参加竞赛拓宽了眼界,收获了自信和自尊,为日后的成长成才奠定了坚实的基础。

一位学生在入学之初聆听了一次杨冠群的演讲,开启了科创之路。这位学生大一时参加学校嵌入式系统竞赛,并在其中获得二等奖,后又陆陆

杨冠群指导学生备赛智能车全国决赛

续续地完成了许多校三小项目、市级科创项目。毕业后，他这样概括他的大学生活："学习使我的生活充实，科创使我的生命精彩。"

在二工大2016届学生毕业典礼上，一份由毕业生代表献给母校的礼物"智能头盔"以其智能化的功用和炫酷的设计吸引了全场的目光，该头盔的研发者是12级电子信息工程专业学生赵宇。赵宇在大四时还多了一个身份：创业公司狒狒科技合伙人、CTO（首席技术官）。大一时，他就开始自学C语言、结构设计、3D建模软件等课程，没过多久，赵宇就在学校举办的单片机竞赛中脱颖而出，经过面谈等环节，最终顺利进入了由杨冠群带教的实验室。同年级中只有3名同学获得了这样的机会。谈及那些日子，赵宇有着满满的幸福的回忆，"只要一跨进实验室，里面的氛围就让我一心只想着学，争分夺秒地学，除了上课，包括节假日、寒暑假，大家都泡在实验室里。"赵宇表示，这些日子不仅提升了他的专业素养，更重要的是让他学会了如何合作，为之后的创业打下了坚实的基础。

掐指算来，杨冠群指导学生课外创新实践已走过十多年。事实证明，这项"以竞赛促探索，以超越促创新"的探索获得了多方共赢的效果。

永远保持"饥渴"

2010年1月，《文汇报》刊出一则报道，内容是一位大学教授对地铁换乘站设计的建议。这位出谋划策者就是杨冠群。

报道说，按照一般乘客的理解，地铁换乘车站总是换乘线路越多越好，最好是3条线、4条线以上能在同一座车站实现"零换乘"。而杨冠群提出，这种多线共点式"零换乘"的设计理念并未给市民出行带来最大便利，反而存在诸多问题和风险因素："人多拥挤、多走路转乘费时间、站内结构复杂容易乘错、列车停靠时车厢进出人流骤增、一线出险殃及多线导致风险系数上升……"

此外，他还认为，站区扩大、结构复杂、设计困难，建设成本也随之增加；维护范围增大、调度管理困难、治安情况复杂，造成运营成本上升；地下空间增大、与原有建筑关系复杂、抗地震能力下降，对地质结构带来不可预知的影响。

杨冠群建议，除了火车站、飞机场、航运码头等不得已的客流聚集点外，地铁站多线共点交会的设计应尽可能拆成每站两线交会。例如，人民广场三线共点交会宜拆成三角形交会。这样做并不会给出行人带来换乘困难，却会换来分散流量、降低造价、缩短工期、便于管理、防范风险等一系列好处。

在杨冠群看来，多线共点交会只会给两种人出行带来真正的方便，即团体出行在此集合者和快递公司在此分发者。他们的共同点是：四面八方向中心会合，或是从中心向四面八方散去。显然，这两种人不能代表广大的出行市民。对一个普通的出行市民而言，他在任何一个车站只可能换乘一条线路。因此，换乘车站的其他共点线路对他的正常出行没有任何帮助。他最想要的换乘便捷是"人不出站，走路要短，不易搞错"，这才是市民真正所要的"零换乘"。

乍看起来，交通换乘的筹划与杨冠群的专业似乎关联度不大，但是他的这番见解在行在理。同济大学交通运输工程学院李晔教授也赞成道："理想的轨道交通布局，应该以两线换乘为主。网状结构确实比星状的具备更好的流量分散和路由冗余。"而这些年的现实情况也证明杨冠群的这番观点颇有预见性。

杨冠群的这番洞察力从何而来？除了家庭、社会对他的洗礼，恐怕与他关注社会、保持好奇、保持思索的精神状态有很大关联。他说自己最欣赏的是乔布斯说过的一句话："保持饥饿，保持愚蠢！"这是20世纪70年代中期，青年时期的乔布斯讲过的一句话。2005年，乔布斯在为斯坦福大学毕业典礼演讲时也提及了这句话。在乔布斯看来，财富的富有、知识的富有和人脉的富有，往往会窒息一个人的灵性，而唯有保持物质和精神的饥饿状态，保持还有自己不知道的事情的愚蠢，才有不懈的创造力。

杨冠群对这句话十分认同，他说："在知识上当'傻瓜'未必是坏事，知识多了反而可能对你形成束缚，造成思维定式。这句话一方面提醒我们在生活中要永远保持好奇心，不断探索创新，这样的生活才有激情、有意义；另一方面也警示我们一定要改变传统的教育方式，变传授知识为激发能力。"

"精神财"更可贵

杨冠群的一些洞察，甚至是天马行空的，触及了社会的许多方面。

比如他对几年前发生的外滩踩踏事件至今仍感到心痛，他指出，其实外滩的台阶设计有可改进之处，如果是较平缓的斜坡设计，就会减少踩踏。

杨教授还想着研发一套可为人们量身定制音乐的系统。他从小喜欢音乐、舞蹈、美术，还曾有过报考音乐学院的打算，如今依然保持着浓烈的艺术兴趣。他结合在探望母亲、从敬老院观察到的情况，计划做一套测试系统，可以针对人们的不同爱好、生活状态、年龄性别特征等情况，提供不同的音乐，如睡眠音乐、养生音乐、午餐音乐，甚至有性别差异的音乐等等，让所有人都能感受到音乐的美，从音乐中得到快乐。

六十多岁的杨冠群精神矍铄，腰杆挺直，这背后也有他总结出来的科学理论。据他观察分析，腰板挺直的人身体往往比较好。如果一个人长期腰板挺直，腰椎就不容易得病，人就不容易变老。为此，他特意把工作电脑显示屏摆放在视线平视位置。这样看电脑，人的身板就会自然挺直。

他还谈到了一部再版的科普读物《十万个为什么》，他认为，如果从启发孩子思维、提高他们自主解决问题的能力出发，编著时最好不要把所有问题的答案全都直接告诉小读者，而是应留一些空间给小读者思考，甚至可把谜底嵌套在新的问题里。

对于共享单车、地铁禁止饮食、十字路口交通规则、火车站标识、预防近视等热点问题，杨冠群也都有自己的见解，听来有令人脑洞大开之感。笔者不禁想到，我们的城市正需要像杨冠群这样学识渊博、有社会责任感的市民"高参"，让我们这座城市发展得更好。同时，笔者也觉得这其中的一些点子似乎也可以商业化，变成一门门生意。而杨冠群说："做老师发不了金钱财，但可以'发精神财'。"他称自己是个理想主义者，"我就是希望自己的国家强大，希望自己的国家能出更多的诺贝尔奖获得者，希望所教的学生超越自己。这，就是我的财富。"

唐蓓茗